UNITALL

Operation Tamacuari

Aufbruch zum Hauptquartier der Dritten Macht

Autor: Gilbert Sternhoff

1. Auflage
Dezember 2011

Unitall Verlag GmbH
Salenstein, Schweiz
www.unitall.ch

Vertrieb:
HJB Verlag & Shop KG
Schützenstr. 24
78315 Radolfzell
Deutschland
Tel.: 0 77 32 – 94 55 30
Fax: 0 77 32 – 94 55 315
www.hjb-shop.de
hjb@bernt.de

Bildelemente: Privatarchiv Gilbert Sternhoff
Satz: Factor 7
Printed in EU

Inhaltsverzeichnis

1.

Projektbeschreibung

»Dorthin würden sie auf keinen Fall gehen, denn das Gebiet sei verzaubert, bringe den Tod.« »Mein Großvater hat uns davon schon erzählt. Aber da kommt heute niemand mehr hin, und wer es dennoch wagt, kehrt nicht mehr zurück.« (1)

So lauteten zwei Antworten von Yanomami-Indios, als sie zum sogenannten Teufelsgebirge im Grenzgebiet zwischen Brasilien und Venezuela befragt wurden. Auf Landkarten wird dieses Gebirge als Serra do Tapirapeco bezeichnet. Sein höchster Gipfel ist mit 2.340 Metern der Pico Tamacuari. Am Osthang dieses Berges hatte ich im Buch »Götterwagen und Flugscheiben« das irdische Hauptquartier der Dritten Mach lokalisiert. Meiner Warnung, dieses Gebiet auf keinen Fall zu betreten, ist allem Anschein nach bis jetzt Folge geleistet worden. Zumindest ist mir bis zum Tag der Fertigstellung dieses Buches nichts Gegenteiliges zu Ohren gekommen.

Der Einzige, der nicht bereit ist, sich an dieses »Verbot« zu halten, ist der Autor selbst. Nachdem in den letzten eineinhalb Jahren die erforderlichen Kontakte geknüpft und die für ein solches Abenteuer in dieser Region unabdingbaren Genehmigungen eingeholt werden konnten, sind die Vorbereitungen für den Vorstoß in die von mir als Terra Incognita bezeichnete Zone abgeschlossen. Das größte Abenteuer meines Lebens – der Aufbruch zum Tamacuari – steht unmittelbar bevor.

Was sind die Beweggründe für ein Unternehmen, das von einem verlangt, sich über Wochen ungeheuren Strapazen in einer völlig unwegsamen Dschungelwildnis auszusetzen, und dessen glücklicher Ausgang mehr als fraglich scheinen muss? Letzterer gerade mit Blick auf die mehr als 60 Jahre währende erfolgreiche Tarnung ihrer Aktivitäten, wie sie von der Dritten Macht praktiziert worden ist. Da kommt ein Herr Sternhoff und will diesen Schleier lüften! Derselbe Herr Sternhoff hatte dabei in zwei Büchern erklärt, wie man sich ein Übernahmeszenario vorzustellen habe, welche Kriterien die Dritte Macht für eine in ihrem Sinne letztlich erfolgreiche Übernahme dieses Planeten in Rechnung stellen würde. Weshalb also jetzt dieser anscheinend zwangsläufigen Entwicklung zuvorkommen, der Dritten Macht bei ihrem letzten großen Schlag in den Arm fallen?

Der erste Grund mag trivial anmuten. Einfach umschrieben ist es die Lust, etwas zu wagen, auf dem Weg zum Ziel den sich abzeichnenden Gefahren Paroli zu bieten und letztendlich das Unbekannte herauszufordern. Dieses Etwas, jene sich im Jahr 1945 herausbildende Dritte Macht, die über Jahrzehnte im Hintergrund auf ihre Zeit gewartet hat, deren ständige Präsenz für den aufmerksamen Beobachter (siehe meine beiden Bücher) jedoch nicht zu übersehen war, wird in historisch kurzer Zeit aus ihrer Reserve heraustreten. Der sich dann vollziehende Wandel kommt einer Zeitenwende gleich. Der geltende Status quo auf dieser Welt wird sich für den allergrößten Teil der Erdbevölkerung von heute auf morgen dramatisch ändern. Die Umstürzung der Verhältnisse, die in meinen Augen durch nichts zu verhindern ist, wird diese Mehrheit zudem völlig unvorbereitet treffen.

Damit trotz des für diese Behauptung noch ausstehenden letzten Beweises später niemand sagen kann, er habe davon nichts gewusst, wollte ich in den Büchern »Die Zukunft hat längst begonnen« (2) und »Götterwagen und Flugscheiben« (1) meinen Anteil zur Aufklärung über das Phänomen der Dritten Macht leisten. Da Bücher, die gegen den Zeitgeist angehen, erfahrungsgemäß in ihrer Mehrzahl nur einige tausend, keinesfalls jedoch Millionen Leser erreichen, ist der Erfolg dieser Bemühungen als verhältnismäßig gering zu veranschlagen. Der eigentliche Beweggrund für den Aufbruch zum Tamacuari muss demnach in der Absicht gesucht werden, mit einem »Paukenschlag« das Wissen um die anstehenden Veränderungen in der Welt publik zu machen.

Kein Jahr eignet sich besser für dieses Vorhaben als das Jahr 2012, das im öffentlichen Bewusstsein so fest als prophezeite Zeitenwende verankert ist, auch wenn ich persönlich den Aussagen des in diesem Zusammenhang oft zitierten Maya-Kalenders keinen Glauben schenken kann.

Manche mögen mich jetzt für verrückt halten, jedoch bin ich der festen Überzeugung, dass nichts für umsonst geschieht, auch nicht die Veröffentlichung meiner beiden Bücher, nicht die im Jahr 2010 offen gelegte Position des irdischen Hauptquartiers der Dritten Macht. Nichts bleibt in dieser Hinsicht unbemerkt, und dahinter könnte die Strategie stehen, über einen öffentlichen Bewusstseinswandel den »Tag X« vorbereiten zu helfen. Warten wir es ab. Wer nichts wagt, der nichts gewinnt.

Neben den Expeditionsvorbereitungen, an denen ich den Leser teilhaben lassen will, besteht ein weiterer Schwerpunkt dieses Buches in der Aufbereitung einer Vielzahl detaillierter Hinweise, die ich in den letzten Jahren aus verschiedenen Quellen erhalten habe, welche weitere Entwicklung die menschliche Zivilisation in den Vorstellungen der Dritten Macht nach dem »Tag X« nehmen wird. Die verstreuten Aussagen so zusammenzufügen, dass sie ein sinnvolles Gesamtbild ergeben, war sicherlich nicht immer einfach, kann aber meiner Ansicht nach selbst mit Blick auf die philosophischen Hintergründe als gelungen bezeichnet werden. Wir dürfen dabei nicht vergessen, dass wir es nach der schon vor vielen Jahren begonnenen Kolonisierung unseres Nachbarplaneten Mars mit einer »Weltraumrasse« zu tun haben, die mittlerweile über ein kosmisches Bewusstsein verfügen dürfte.

Des Weiteren gilt es, einen kleinen Feldzug zu führen, nicht militärischer, sondern ideeller Natur. Er richtet sich gegen zwei amerikanische Autoren, die mit ihren Veröffentlichungen ein großes Publikum ansprechen, jedoch mit ihren Behauptungen speziell zum Thema Dritte Macht den einmal erreichten Forschungsstand immer wieder aufs Neue konterkarieren.

Dieses Buch beginnen will ich mit der Klärung einiger grundsätzlicher Fragen zur Geschichte der Dritten Macht, wie sie von Lesern im Laufe der letzten Jahre an mich herangetragen worden sind, ergänzt um einige neue Erkenntnisse. Ein Beispiel: Interessiert es Sie, über welche Personalstärke der Stützpunkt der Dritten Macht auf dem Mars verfügt? Sie werden mir auf den ersten Blick keinen Glauben schenken, aber man kann diese Zahl aus den Angaben frei zugänglicher wissenschaftlicher Veröffentlichungen errechnen. Bleiben Sie gespannt!

Bei der Betrachtung aller wichtigen und interessanten Details darf eines nicht aus dem Blick verloren werden:

Die Vorbereitung auf den bevorstehenden großen Wandel, die Übernahme dieses Planeten durch die Dritte Macht mit allen ihren zum Teil schrecklichen Konsequenzen für unser bisheriges Leben. Die Zeitenwende. Lassen Sie uns dahin gemeinsam aufbrechen!

2.

Fragen mit ewiger Wiederkehr

In diesem Abschnitt werde ich die mir am häufigsten von meinen Lesern gestellten »Grundsatzfragen« zur Dritten Macht beantworten. Lange war ich der Meinung, die nachfolgenden Fragenkomplexe schon hinreichend in meinen bisher erschienenen Büchern beantwortet zu haben. Ein Irrtum, wie die vermehrt eintreffenden Anfragen beweisen. Von daher ist diese Klarstellung notwendig.

<u>Warum hat die Dritte Macht diesen Planeten noch nicht übernommen, und sei es mit Gewalt?</u>

So kann mit Recht gefragt werden, hatte ich doch immerhin behauptet, die Dritte Macht wäre im Rahmen des Projektes »Die Glocke« über die technologische Nutzung des Nullpunktenergiefeldes nicht nur in den Besitz einer unerschöpflichen Energiequelle gelangt, sondern könnte auch lokal begrenzt die Schwerkraft aufheben. Die Folge: Das seit Herbst 1944 mit der Beobachtung der ersten »Feuerbälle«, der sogenannten »foo-fighters« , sich in den folgenden Jahrzehnten weltweit manifestierende UFO-Phänomen.

»Warum«, so schrieb mir ein Leser, »besetzen die mit hunderten Flugscheiben heranbrausenden Heerscharen der Dritten Macht nicht zeitgleich die Schaltstellen der politischen Macht in den wichtigsten Industriestaaten, in den USA, in Russland, in China, in Deutschland etc.? Warum setzen sie nicht die einer potenziellen Gegenwehr dienenden Atomwaffen der Nuklearmächte außer Gefecht?« Hatte ich doch selbst im Buch »Götterwagen und Flugscheiben« unter Bezugnahme auf die von Robert Hastings in seinem Buch »UFOs and Nukes. Extraordinary Encounters at Nuclear Weapon Sites« (3) gesammelten Zeugenaussagen geschrieben: »Die direkte Einflussnahme der UFOs auf den Dienstbetrieb der Raketensilos reichte von der Unterbrechung der Stromversorgung, über die Lähmung der Abschuss-Kontrollzentren, die Löschung der Zielkoordinaten auf den Datenträgern, die Änderung der Zielcodes bis hin zur hochgradig brisanten kurzzeitigen Aktivierung der Abschusssequenz der Raketen. Die Dritte Macht dokumentierte auf diese Weise nachdrücklich, dass sie zu jeder Zeit die volle Verfügungsgewalt über die strategischen Waffenarsenale der beiden anderen Großmächte übernehmen konnte.«

Warum ist technologische Überlegenheit nicht gleichbedeutend mit politischer Macht? – möchte ich die Gegenfrage stellen. Ganz allgemein: Wissenschaft und Technik können sich über Jahrhunderte in einer Gesellschaft evolutionär entwickelt haben. Eine nahezu zwangsläufige Anhäufung von Wissen ist die Folge. Sind die Menschen als Träger dieses Wissens degeneriert, sind mit ihnen auch ihre Herrschaftssysteme vom Virus des Untergangs befallen, haben andere, aufstrebende Gesellschaften mit einem anfänglich niedrigeren Wissensstand eine gute Chance, den Wechsel der Machtverhältnisse zu erzwingen. Siehe beispielhaft den Kampf der Germanen gegen das römische Weltreich.

Dazu kommt, dass es wenig nützt – und das von dem zitierten Leser aufgezeigte Szenario läuft geradewegs darauf hinaus – sich den Überbau, die Institutionen der Macht einer Gesellschaft anzueignen, wenn die überwiegende Mehrheit der Bevölkerung aus innerer Überzeugung zu den abgelösten Vertretern des alten Herrschaftssystems steht, ja die Gesellschaft als solche in ihrer spezifischen Ausprägung als das Optimum des Zusammenlebens betrachtet. Nach kurzer Zeit wird sich erheblicher Widerstand regen, und die Tage der »aufgepfropften« neuen Elite sind gezählt. Ihr Ende kommt entweder mit Gewalt, da sie selbst mit überlegenen technischen Hilfsmitteln der zahlenmäßigen Übermacht ihrer Gegner nicht mehr Herr werden kann, oder sie wird wirtschaftlich ausgeblutet, was mit einem Generalstreik in kürzester Zeit zu erreichen ist.

Demnach müssen für eine erfolgreiche Machtübernahme einige Grundbedingungen erfüllt sein. Dazu gehört mindestens das Vorhandensein einer »revolutionären Situation«, d.h. die Mehrheit der Bevölkerung lebt in wirtschaftlich desolaten Zuständen, der Kampf des Lebens geht nicht mehr um Fragen wie Gesamtschule, Rente mit 67, zukünftige Klimaerwärmung, 35-Stunden Arbeitswoche und ähnliches mehr, sondern es gilt, sich das tägliche Brot, die eigene Existenz zu sichern. Wenn darüber hinaus jegliches Vertrauen in die Fähigkeiten der bisherigen politischen Entscheidungsträger, den alten, besseren Zustand wieder herstellen zu können, verloren gegangen und eine politische Alternative nicht in Sicht ist, kann eine neue, ihre offensichtliche technologische Überlegenheit demonstrierende Macht durch die Mehrheit der »alten« Gesellschaft als letzte Rettung akzeptiert werden. Damit diese Akzeptanz nicht eine zeitlich befristete bleibt und nach

Besserung der wirtschaftlichen Verhältnisse Absenker der alten Elite nicht neue Widerstände gegen die fremde Macht mobilisieren, muss ein zahlenmäßig bedeutender Kern der Bevölkerung für die Absichten der neuen Herrschaftsschicht gewonnen werden.

Wenn ich also im Folgenden der Meinung bin, die Dritte Macht wird die genannten Einflussfaktoren für eine erfolgreiche Machtübernahme ins Kalkül ziehen und mit vergleichsweise friedlichen Mitteln versuchen, die Herrschaft zu erringen, so bedeutet das nicht – und einige unverbesserliche Wirrköpfe aus dem rechten Lager glauben tatsächlich noch daran –, dass im Fokus dieser Strategie nun zwangsläufig die Besetzung Berlins und die Errichtung eines Großdeutschen Reiches unter Einbeziehung der 1945 besetzten Ostgebiete stehen müsste. Im Zeitalter der Globalisierung ist auch die Dritte Macht zu globalem Handeln gezwungen, haben überlebte politische Begriffe und Anschauungen aus der Zeit der Nationalstaaten ihre Bedeutung verloren.

Realistisch betrachtet konnte die Dritte Macht in der Vergangenheit nichts anderes tun, als abzuwarten, wie sich die Verhältnisse im Lager ihrer Gegner entwickeln würden. Nicht vergessen werden darf, dass diese sich bis 1990 als mit Atomwaffen hochgerüstete feindliche Blöcke an der innerdeutschen Grenze gegenüber standen. In meinem ersten Buch (2) hatte ich das Gedächtnisprotokoll eines im Jahr 2003 in der bolivianischen Hauptstadt La Paz geführten Gespräches wiedergegeben, das diese seitens der Dritten Macht als Notstand empfundene Situation zum Ausdruck brachte. Mein Gesprächspartner sagte mir damals: »Ja, und was glauben Sie, hätten wir aktiv denn unternehmen können? Unser deutsches Volk befand sich über Jahrzehnte durch die alliierte Truppenpräsenz quasi in Geiselhaft.« Auf meinen Hinweis, dass dafür die Amerikaner doch jetzt gerade übermächtig seien, wurde geantwortet: »Ich sehe das positiv: Es bleibt nur noch ein Feind übrig.« Für die Dritte Macht ist mit dem Untergang des Kommunismus und – das ist entscheidend – mit dem Wegfall einer gesellschaftspolitischen Alternative die Situation sicherlich um einiges komfortabler geworden.

Aus Sicht der Dritten Macht bleiben noch zwei Fragen zu klären:

Wie kann in dieser einzig und allein noch unter der Herrschaft des global agierenden Finanzkapitalismus stehenden »One World« eine derart schwere Wirtschafts- und politische Vertrauenskrise hervorgerufen werden, dass die Implosion dieses Gesellschaftssystems nahezu zwangsläufig erfolgen muss? Und auf welche Weise kann in dieser Zeit des »Großen Chaos« ein Teil der völlig desorientierten Bevölkerung als stabilisierendes Moment für eine Unterstützung der eigenen Absichten gewonnen werden?

Auf beide Fragen hatte ich in meinen Büchern schon versucht, eine Antwort zu finden.

Dass bezüglich der ersten Frage die Dritte Macht im Grunde überhaupt nichts unternehmen muss, hatte ich wie folgt zum Ausdruck gebracht:

Dann bestätigt sich, was einige wenige weit blickende Ökonomen schon immer gewusst haben, dass dem finanzkapitalistischen Wirtschaftssystem generell keine Zukunft beschieden ist. Ursache ist das diesem zugrunde liegende Zinssystem. Der Autor Günter Hannich hat dieses in einem seiner Bücher zu Recht als »ein System mit Verfallsdatum« bezeichnet. »Anhand einer einfachen Rechnung lässt sich jedoch zeigen, dass dieses Zinssystem mit zunehmender Zeit immer instabiler werden und letztlich zerbrechen muss: Hätte jemand zum Beispiel im Jahre Null nur einen Pfennig zu 5% Zins angelegt …, hätte diese Anlage im Jahre 1466 den Wert einer Erdkugel aus Gold und im Jahr 1990 bereits den Gegenwert von 134 Mrd. Erdkugeln aus Gold erlangt … Eine ähnliche Rechnung brachte der Investmentexperte Marc Faber, als er betonte, dass noch keine einzige wachsende Geldanlage je langfristig funktioniert habe. Er nahm an, dass ein Dollar im Jahre 1000 zu 5% Zins angelegt worden wäre und kam zum Ergebnis, dass allein die Zinsgewinne dieses Vermögens heute das gesamte Bruttosozialprodukt der Welt um das Viermillionenfache übertreffen würden! An diesen Beispielen wird deutlich, dass ein auf Zins aufgebautes System immer nur wenige Jahrzehnte funktionieren kann, bis es von neuem zusammenbricht.« (4) **Das Wissen um diese gesetzmäßige Entwicklung dürfte zur Grundlage aller Planungen der Dritten Macht geworden sein.** (1)

In Verkennung der Möglichkeiten der dem Papiergeldsystem eigenen funktionalen Mechanismen hatte die Dritte Macht trotzdem versucht, zuerst im Jahr 2001 und dann noch einmal im Jahr 2008 eine sich anbahnende globale Wirtschaftskrise in ihrem Verlauf zu beschleunigen. Zumindest kurzfristig ohne Erfolg. Siehe hierzu die Zusammenfassung in »Götterwagen und Flugscheiben«. Ziel dieser »vorzeitig« eingeleiteten Maßnahmen könnte gewesen sein, einen geordneten Rückzug der herrschenden Hochfinanz zu verhindern. Längerfristig gesehen gelang es der Dritten Macht auf diese Weise, die Schuldenaufnahme des globalen Wirtschaftssystems massiv zu erhöhen, was den Tag des finalen wirtschaftlichen Zusammenbruchs näher rücken lässt.

Nachdem die zweite große Finanzkrise des Jahrtausends im Jahr 2008 durch eine konzertierte Aktion der Staaten und Notenbanken in ihren Auswirkungen scheinbar erfolgreich abgemildert werden konnte, erneuerten auf dem Höhepunkt der vermeintlichen Konsolidierungsphase im Jahr 2010 die Realisten unter den Wirtschaftsanalysten ihre skeptischen Prognosen über den weiteren zeitlichen Verlauf der in der Zwischenzeit in vielen Ländern auch realwirtschaftlich deutlich spürbaren ökonomischen Verwerfungen.

So zog Dennis J. Snower, der Chef des Kieler Instituts für Weltwirtschaft, eine ernüchternde Zwischenbilanz der Krise. »Die Triebkräfte des bisherigen Wirtschaftsaufschwungs hält der Ökonom für nicht nachhaltig. Seine These: Die Erholung steht auf tönernen Füßen ... Erhebliche Turbulenzen stehen uns noch bevor.« Wenn dem so ist, » ... wie wird dann die weitere Entwicklung sein? ... Ist es sinnvoll, zwei Extremszenarien zu skizzieren: eines, in dem die Erholung noch eine Weile anhält, und eines, in dem sie in sich zusammenbricht.« (5) Das heißt im Klartext: Wie es auch kommt, der Zusammenbruch kann nicht aufgehalten werden, er ist lediglich eine Frage der Zeit! Der gleiche Tenor war zu vernehmen von Thomas Mayer, dem Chefvolkswirt der Deutschen Bank: »Wenn es dann noch mal kracht, haben wir in der Tat einen finalen Crash und unser Pulver bereits verschossen.« (6) Der bekannte amerikanische Ökonom Nouriel Roubini, der bereits im Jahr 2006 die letzte Finanzkrise vorausgesagt hatte, war der Ansicht, dass die nächste Krise viel schlimmere Auswirkungen haben sollte. Sogar die Weltwirtschaftskrise von 1929 soll dagegen harmlos gewesen sein. (7) Und der wegen seiner treffsicheren Prognosen berühmte Finanzanalyst Robert Prechter nannte sogar ein Datum. »Er ist der Meinung, dass im Jahre 2016 der endgültige Zusammenbruch der Finanzmärkte weltweit bevorsteht.« (7)

Damit wird bestätigt, was ich für »Die Zukunft hat längst begonnen« schon im Jahr 2005 zu Papier gebracht hatte. Der endgültige Zusammenbruch des globalen Finanz- und Wirtschaftssystems wird sich in wenigen Jahren ereignen – das Einstiegsszenario für die Übernahme der Welt durch die Dritte Macht beginnt sich damit immer drohender am Horizont abzuzeichnen.

Welche Antwort hat die Dritte Macht auf die zweite Frage gefunden, wie in der Zeit des »Großen Chaos« ein signifikanter Teil der von den Veränderungen unmittelbar betroffenen Bevölkerung für ihre Absichten gewonnen werden kann? Ich bin der Überzeugung, dass die Antwort auf diese Frage bei eingehender Betrachtung des UFO-Entführungsphänomens, den so genannten UFO-Abductions, gefunden werden kann. Nach übereinstimmender Aussage vieler Abduzierter bekommen diese für den »Tag X« einen posthypnotischen Befehl übermittelt, der sie in die Lage versetzen soll, die desorientierten Massen erfolgreich im Sinne der Dritten Macht zu lenken. In »Götterwagen und Flugscheiben« hatte ich hierzu geschrieben: Hält man sich das Ausmaß der UFO-Entführungen in den letzten Jahrzehnten vor Augen und berücksichtigt, dass nach einer schon 1991 durchgeführten wissenschaftlichen Erhebung durch die Roper-Organisation allein in den USA bis dahin mit einer Anzahl durch UFOs entführter Amerikaner in der Größenordnung von bis zu einer Million gerechnet werden muss, so tritt einem mit erschreckender Deutlichkeit das Bild einer gewaltigen »posthypnotischen Kaderarmee« vor Augen. Auf den Schultern dieser »Schläfer« scheint die Hauptlast des durch die Dritte Macht eingeleiteten Wandels zu liegen. Parallel zu diesem Trend vollzieht sich eine andere Entwicklung. Die unter der falschen Annahme, dass sich hinter dem UFO-Entführungsphänomen Aliens verbergen, von den Entführungsforschern als Hybriden bezeichneten Produkte des genetischen Zuchtprogramms der Dritten Macht (siehe hierzu die umfangreiche Abhandlung in meinem ersten Buch) scheinen immer häufiger und in größerer Anzahl die menschliche Gesellschaft zu infiltrieren. Sie sind, wie der renommierteste Entführungsforscher, Prof. David Jacobs, sagt, damit mitten unter uns! Diese mit den kennzeichnenden Merkmalen der so genannten nordischen Rasse ausgestatten Wesen sind von anderen Menschen des »blonden Typs« rein äußerlich nicht zu unterscheiden, verfügen aber über die von den UFO-Entführungen hinlänglich bekannten Fähigkeiten, Gehirnscans vorzunehmen und Menschen durch Hypnose gefügig zu machen. In Abhängigkeit von ihrer durch uns nicht einmal näherungsweise zu schätzenden Anzahl werden sie damit im Übernahmeszenario zu einem nicht zu unterschätzenden

Steuerungsinstrument. (1) Damit dürfte deutlich geworden sein, dass die Dritte Macht, um die Bevölkerung am »Tag X« sowie in der Zeit danach unter Kontrolle zu halten, sich einer Doppelstrategie bedient. Eine Übernahme der Macht vor 10 oder mehr Jahren hätte trotz damals schon vorhandener absoluter Überlegenheit auf dem Gebiet von Wissenschaft und Technik niemals zum Erfolg führen können. Sowohl die Armee »potenzieller Schläfer« als auch die mittels Genmanipulation gezüchteten »Hybriden« des »blonden Typs« waren in jener Zeit – darauf deuten die Berichte der UFO-Entführungsopfer hin – nicht in ausreichender Anzahl vorhanden. Erst zu Beginn des neuen Jahrtausends hatte die Dritte Macht, wie ich in »Götterwagen und Flugscheiben« dargelegt habe, ihre Vorbereitungen abgeschlossen. Was dann noch fehlte, war der große »Crash«.

Noch ein anderer Grund könnte für den scheinbar angestrebten friedlichen Übergang der Macht sprechen. Um die Akzeptanz ihrer am »Tag X« durchgeführten Maßnahmen unter der beherrschten Bevölkerung selbst nach Jahrzehnten oder Jahrhunderten nicht in Frage stellen zu lassen, ja, um selbst in den eigenen Reihen sich der nicht zu vermeidenden »Gutmenschen« zu vergewissern, kann vor dem Urteil, das die Zukunft über diese Phase der Geschichte fällen wird, eine Machtübernahme ohne Gewalt als wünschenswert angesehen werden. Das freilich ist, ich gebe es zu, reine Spekulation.

Zusammengefasst sind es also hauptsächlich folgende Gründe, die eine »friedliche« Übernahme dieses Planeten durch die Dritte Macht bisher verhindert haben:

– Bis zum Jahr 1990 die massive Militärpräsenz zweier verfeindeter politischer Blöcke auf dem Boden des damals noch geteilten Deutschland und (an dieser Stelle noch ergänzend eingefügt) damit verbunden die nicht kalkulierbare Erstschlagskapazität taktischer Nuklearwaffen, deren Wahrnehmung Mitteleuropa auf Jahrzehnte atomar verseucht hätte.
– Bis zum Jahr 2.000 waren die »Schläfer« und »Hybriden« nicht in ausreichender Anzahl vorhanden.
– Die »revolutionäre Situation«, d.h. der Zusammenbruch der wirtschaftlichen und politischen Systeme, ist noch nicht eingetreten.

Eine auf dem Wege einer militärischen Auseinandersetzung forcierte, gewaltsame Machtübernahme dürfte aus den genannten Gründen von Beginn an nicht auf der Agenda der Dritten Macht gestanden haben.

Wie können die Angehörigen der Dritten Macht über Jahre ein Leben in der abgelegenen Dschungelwildnis ihres Hauptquartiers aushalten?

Diese Frage beruht zum Teil auf einem Missverständnis. Sicherlich zählt das Gebiet um den Pico Tamacuari zu den am meisten abgelegenen, einsamsten und unzugänglichsten Regionen dieser Erde. Niemand kann jedoch annehmen, dass die dort eingesetzten Angehörigen der Dritten Macht über Monate und Jahre ununterbrochen im Hauptquartier weilen. Um für Abwechslung zu sorgen, ist davon auszugehen, dass ein regelmäßiger Austausch mit anderen Stützpunkten stattgefunden hat, in der Vergangenheit zum Beispiel mit der Colonia Dignidad, und eine solche Versetzung auch weiterhin ermöglicht wird. Siehe hierzu den Abschnitt »Verstehen Sie Papua?«. Was hindert die Angehörigen der Dritten Macht außerdem daran, ihren »Urlaub«, gut ausgestattet mit erstklassigen Personalpapieren, als normale Touristen mitten unter uns zu verbringen?

Auch darf eines nicht vergessen werden: Wenn die von mir in »Götterwagen und Flugscheiben« wiedergegebene Schilderung des Interieurs dieses Hauptquartiers der Wirklichkeit entspricht, ist das Leben dort als durchaus angenehm zu bezeichnen. Der Bericht des zitierten brasilianischen Entführungsopfers, Jose Benedito Bogea, lautete wie folgt:

»Nachdem ich in Ohnmacht gefallen war, erwachte ich in einer fremden Stadt mit breiten Straßen und schönen Gärten. Ich sah nach der Sonne, doch ich konnte sie nicht sehen. Ich sah auch keinen Himmel, nur hohlen Raum.« Er beobachtete viele Menschen in der Stadt. Diese sahen sich alle sehr ähnlich, waren alle so um die dreißig Jahre alt, fünf Fuß hoch und schlank. Alle trugen eine graue oder braune Bekleidung, bei einigen wenigen war sie hellblau. »Sie sahen wie wir aus. Sie schienen Brasilianer zu sein, aber es gab unter ihnen keine schwarzen oder alten Menschen. Die meisten hatten helle Haut, eine blaue oder braune Augenfarbe. Die Frauen waren hübsch und hatten blondes Haar.« Bogea ging durch die ganze Stadt, immer begleitet von einem Mann. Keines der Gebäude war höher als ein Stockwerk. Die Temperatur blieb gleichmäßig kühl, so als wäre die ganze Stadt klimatisiert. Bogea sah eine Anzahl Fahrzeuge und verglich sie mit Volkswagen des Typs »Käfer«. Allerdings verfügten diese nicht über Motoren oder Lenkräder. Weiterhin sah er ungefähr 20 diskusförmige Objekte in einem Gebiet, das der Flughafen zu sein schien. (1)

Trotz alledem unterliegt eine solche Existenz in Bezug auf die Freizügigkeit des täglichen Lebens natürlich erheblichen Einschränkungen. Um diese auch über einen längeren Zeitraum ertragen zu können, muss bei den Angehörigen der Dritten Macht eine Einstellung vorausgesetzt werden, die sie mit hohem Idealismus an ihre – mit den Augen »unserer Welt« betrachtet teilweise verabscheuungswürdigen – Ziele, wie genetische Hochzucht des Menschen und die Errichtung einer den ganzen Globus umspannenden Diktatur, glauben lässt. Im Grunde handelt es um die gleiche Gesinnung, die schon »das Personal der ersten Stunde« dazu motiviert hatte, alle Brücken hinter sich abzubrechen und sich mit ganzer Persönlichkeit einer ungewissen Zukunft hinzugeben. In meinem ersten Buch hatte ich dazu Folgendes geschrieben:

Aus der Zeit des Krieges existieren genügend Beispiele für einen Opfermut, der im vollen Bewusstsein unbedenklich das eigene Leben für das Überleben des eigenen Volkes eingesetzt hat. Insofern hätten es die Männer, welche an einer Absetzbewegung beteiligt gewesen wären, einfacher gehabt. Nicht Hingabe ihres Lebens, dafür aber trotzdem jahrelange Trennung von allem, was ihnen lieb geworden war, und zudem ein Leben in andauernder Anonymität. (2)

Abschließend sei noch darauf hingewiesen, dass mit der Eroberung des interplanetaren Raumes, mit der Besiedlung des Planeten Mars durch die Dritte Macht, die Wahrnehmung irdischer Befindlichkeiten nachhaltig eine andere geworden sein dürfte. In einem solcherart kosmischen Bewusstsein wird wohl vergeblich nach vielen unserer »menschlich, allzu menschlichen« Handlungsmotivationen gesucht werden. Die vermeintlich auf Ewigkeiten angelegte historische Mission überstrahlt hier alles.

Wie realisiert die Dritte Macht die Tarnung ihrer Stützpunkte auf Erde und Mars?

Zu unterscheiden sind bei der Klärung dieser Frage Radarunsichtbarkeit, Abschirmung der Wärmestrahlung, auch Infrarotunsichtbarkeit genannt, und optische Unsichtbarkeit.

Noch vor dem Ende des 2. Weltkrieges hatten deutsche Wissenschaftler große Fortschritte bei der Entwicklung der heute so bezeichneten Stealth-Technologie erreicht. Bestes Beispiel hierfür ist die von den Amerikanern erbeutete Horten IX (Ho 229 V3). Diese Nurflügelmaschine – ein Vorgängermodell der später auftauchenden UFOs in der Form von Dreiecken oder Boomerangs – war mit einem radarabsorbierenden Anstrich überzogen. Vor wenigen Jahren durchgeführte Tests mit einem Nachbau bestätigten die schlechte Radarortbarkeit und damit die Fähigkeit der Maschine, die gegnerische Luftaufklärung zu unterwandern. (8)

Unterirdische Anlagen können gegen die Aufklärung mit Tiefenradar geschützt werden, indem zum Beispiel an der Decke der Höhlung ein Breitband-Schaumabsorber angebracht wird.

Um Infrarotunsichtbarkeit herzustellen, genügt es prinzipiell, die Temperatur der Oberfläche des Körpers, den man tarnen will, exakt auf Umgebungstemperatur zu bringen. Technisch anspruchsvoll ist dies insofern, als die Oberflächentemperatur überall gleich sein muss. Schon kleine Schwankungen könnten verräterisch sein. Für die kompakten, glatten Flächen der Flugscheiben sollte das mit einer Technologie, die der unseren nur wenig voraus zu sein braucht, durchaus möglich sein. In kleinen Abständen auf der Außenhaut platzierte Sensoren könnten die gemessenen Temperaturwerte an einen leistungsfähigen Computer weiterleiten, der wiederum die Regelung der Wärmezufuhr bzw. die Ableitung überschüssiger Wärme übernimmt.

Eine Infrarotortung von großflächigen Anlagen ist dann unmöglich, wenn diese unter der Erde liegen, was ich für die Stützpunkte der Dritten Macht auf der Erde und auf dem Mars immer behauptet habe. Probleme bei der Tarnung können auftreten, wenn die produzierte Wärme die Höhlendecke so erwärmt, dass auf der Erd- oder Marsoberfläche eine messbare Temperaturzunahme erfolgt. Die einfachste Lösung ist eine sehr dicke Höhlendecke. Dann verteilt sich die Abwärme so stark, dass sie an der Oberfläche nicht mehr nachweisbar ist. Eine andere Lösung könnte in einer Ableitung der Wärme ins Planeteninnere bestehen, zum Beispiel, wenn unterirdische Wasserströme zur Kühlung vorhanden sind oder ein tiefer Schacht in den Höhlenboden getrieben und dieser mit Metall ausgegossen wird. Der auf diese Weise fabrizierte Metallzylinder dient dann als Wärmeableiter.

In diesem Zusammenhang möchte ich an eine merkwürdige Episode erinnern:

In meinem ersten Buch hatte ich eine Auflistung der in der letzten Flugphase gescheiterten Mars-Erkundungen veröffentlicht. Hierunter fiel auch die russische Sonde »Phobos 2«, die im Juli 1988 verlorenging. Wenige Sekunden vor dem Verlust der Funkverbindung konnte ein sonderbar geformtes Objekt zwischen der Sonde und dem Mars fotografiert werden. Zu erkennen ist ein Schatten, der als dünne Ellipse bezeichnet werden kann und nicht zu verwechseln ist mit dem Schatten des kartoffelförmigen Marsmondes gleichen Namens. In einem 1989 veröffentlichten Bericht stand, die Sonde sei ins Trudeln geraten, entweder infolge einer Computerpanne oder infolge eines Zusammenstoßes mit einem unbekannten Objekt. Die bis heute geheim gehaltene letzte Aufnahme der Fotoserie hätte womöglich des Rätsels Lösung offenbart. Es wird immer wieder eingewendet, diese letzte Aufnahme sei doch längst bekannt. Schon im Jahr 1991 wäre sie durch die ehemalige russische Testfliegerin Marina Popovich der Öffentlichkeit bekannt gemacht worden. Sie zeigt ein angeblich mehrere Kilometer langes Objekt, welches von den Alien-Enthusiasten als Raumschiff außerirdischer Herkunft interpretiert wird. Dabei wird verschwiegen, dass die Quelle dieses Bildes ungeklärt ist, weil eine offizielle Freigabe durch die russische Weltraumagentur eben bis heute tatsächlich nicht vorliegt. Jahre später konnte die Fälschung des durch die Popovich übergebenen Bildes zweifelsfrei nachgewiesen werden. (9) Eine böswillige Absicht unterstellt, könnte das fabrizierte Foto den Zweck gehabt haben, das wahre Aussehen des fremden Flugobjektes zu vertuschen.

Aber zurück zum Thema. Ein anderes der von »Phobos 2« gesendeten Bilder zeigte ein Netzwerk von geraden Linien, die wie in die Oberfläche eingeprägte Rechtecke aussahen. Diese Struktur bedeckte ein Gebiet von ungefähr 600 Quadratkilometern. Dr. John Becklake vom Britischen Naturwissenschaftlichen Museum nannte in einer Fernsehsendung das Phänomen rätselhaft, weil es mit der Infrarotkamera der Sonde aufgenommen worden war. Folglich strahlte dieses ganze Gebiet Wärme aus. Eine natürliche Erklärung konnte nicht gefunden werden. (10) Später war von dieser Anomalie nicht mehr die Rede.

In meinen Büchern hatte ich wiederholt meine Meinung zum Ausdruck gebracht, dass der Fehlschlag so vieler Marsmissionen auf direkte Eingriffe der Dritten Macht zurückzuführen ist. Besonders den Zeitraum zwischen der amerikanischen Viking-Mission von 1976 und der Ankunft des »Pathfinder« im Jahr 1997 hatte die Dritte Macht anscheinend dazu genutzt, die auf ihre Urheberschaft hinweisenden Spuren auf der Marsoberfläche, so auch die auffällige »Infrarotstruktur«, zu beseitigen. Siehe zum »Rückbau« der als Marsgesicht bezeichneten Formation auch den Passus in »Götterwagen und Flugscheiben«.

Zur Möglichkeit, eine optische Unsichtbarkeit mit vergleichsweise einfachen Mitteln zu erzeugen, hatte ich im Marskapitel meines ersten Buches ein vom NASA Jet Propulsion Laboratory entwickeltes Verfahren vorgestellt, das als adaptive Camouflage bezeichnet wird. Auf optoelektrischer Basis kann damit die Illusion einer vollkommenen Transparenz um das zu tarnende Objekt geschaffen werden. (11)

Werden die Hinweise des neben Prof. David Jacobs prominentesten Forschers auf dem Gebiet der UFO-Entführungen, Budd Hopkins, ernst genommen, so lassen viele in den Entführungsberichten der letzten Jahre geäußerten Seltsamkeiten die Hypothese von Hopkins, dass sich die UFOs zunehmend Unsichtbarkeitstechnologien bedienen, nicht von der Hand weisen. (12) Das würde auch erklären, warum die Anzahl der UFO-Nahsichtungsfälle seit über einem Jahrzehnt stark rückläufig ist. (13) Besonders bemerkenswert ist der von Hopkins geschilderte Aspekt der Entführung von US-Militärangehörigen durch UFOs direkt aus ihren Stützpunkten. Erklärbar ist solches Vorgehen in diesen in jeder Hinsicht überwachten militärischen Einrichtungen nur, wenn die Unsichtbarkeit sowohl von Entführten als auch ihren Kidnappern als Tatsache anerkannt wird. Da der Einsatz von Verfahren der adaptiven Camouflage bei derart komplexen Vorgängen zumal im Handlungsraum des potenziellen Gegners nur schwer vorstellbar ist, muss die optische Unsichtbarkeit auf anderem Wege erreicht werden. Möglicherweise – klingt das aus heutiger Sicht auch utopisch – werden die Entführten vorübergehend in Körper verwandelt mit einer Strahlungsfrequenz, die der eines »schwarzen Strahlers« nahekommt. Dieser absorbiert auftretende elektromagnetische Strahlung vollständig, somit auch das Licht. (14)

Eine Methode, die im Unterschied zur eben genannten zumindest im Mikrobereich kurz vor ihrer Verwirklichung steht, hat ein Forscherteam am Karlsruhe Institut of Technology entwickelt. »Und plötzlich war es weg: Einem Karlsruher Team ist es erstmalig gelungen, ein dreidimensionales Objekt unsichtbar zu machen ... Mit Hilfe so genannter Metamaterialien ... Tarnkappen zu konstruieren ... weil sich auf ihrer Oberfläche bestimmte Nanokonstrukte wiederholen. Sind die winzigen Strukturen richtig angeordnet, wird das Licht umgeleitet ...

Die Konstruktion einer Tarnvorrichtung, die einen Menschen oder noch Größeres verstecken könnte, wäre eine derzeit wohl kaum überwindbare technische Hürde.« (15) Derzeit also. Und für die Dritte Macht?

Wie konnte die Dritte Macht ihren 1945 auf vielen Gebieten erreichten Wissensvorsprung behalten bzw. weiter ausbauen?

Dass die Deutschen am Ende des 2. Weltkrieges gegenüber den Alliierten auf vielen Gebieten von Wissenschaft und Technik einen immensen Wissensvorsprung erreicht hatten, dürften meine beiden bisher erschienenen Bücher genauso nachhaltig verdeutlicht haben wie insbesondere auch das Buch »Unternehmen Patentraub« von Friedrich Georg. (16) Um den dort geschilderten größten geistigen Diebstahl der Weltgeschichte überhaupt auswerten zu können, musste eigens dafür ein neues deutsch-englisches Fachwörterbuch geschaffen werden. »Für 40.000 deutsche Ausdrücke wissenschaftlicher und technischer Art gab es keine englische Entsprechung. Sie waren ganz neuen Einsichten entsprungen, die die Sieger noch nicht besaßen.« Von den zwei in den ersten Nachkriegsjahren erschienenen Enthüllungsartikeln, die das ganze Ausmaß des stattgefundenen Technologiediebstahls demonstrierten, soll zuerst auf den des Sonderkorrespondenten des »News Chronicle«, Ian Bevan, detailliert Bezug genommen werden. Friedrich Georg fasst den Inhalt zusammen, aus dem man fast den Eindruck gewinnen könnte, dass der Großteil der technischen Errungenschaften unseres modernen Zeitalters auf Entwicklungen aus der Zeit zwischen 1933 und 1945 zurückzuführen ist (Anmerkung für Ignoranten: Das hat nichts mit der nationalsozialistischen Ideologie zu tun!): »Unter den beschlagnahmten Geheimnissen befanden sich danach beispielsweise Erfindungen und Anleitungen zur Herstellung von synthetischem Treibstoff, synthetischem Gummi, synthetischem Schmieröl, zur synthetischer Faser- und Textilherstellung, zu Dieselmotoren, Optiken, schweren Druckpressen, Windkanälen, in denen Geschwindigkeiten über 8.000 km/h erreicht wurden, Infrarotzielgeräten, Kassettenrekordern, elektrischen Kondensatoren, haltbaren Fruchtsäften, Maschinen zum Einwickeln von Schokolade, synthetischer Saphire für Uhren, synthetischem Glimmer, laufmaschenfreien, gehbeständigen Damenstrümpfen, Buttermaschinen, die 1.500 Pfund Butter je Stunde ausstießen, Quarzuhren, Zelluloseprodukten, einer Vielzahl pharmazeutischer Produkte, Insektiziden, Kolloiden als Rostschutzfarben und als Ersatz für

Zinkchrom, Kunstleder, Plastik, Farbfotografie, einer unüberschaubaren Anzahl von Präzisionsgeräten und tausend anderen Entdeckungen auf chemischem, physikalischem, technologischem und elektronischem Gebiet, auf denen nach Meinung der führenden Spezialisten die Deutschen allen anderen Nationen um Klassen – um 5, 10 oder noch mehr Jahre – in der Entwicklung voraus waren.«

Der zweite, vom Journalisten Lester C. Walker für das »America Magazine« geschriebene Artikel setzt diese Aufzählung fort. Wen es interessiert, der lese in Friedrich Georgs Buch nach. Herausgegriffen sei nur eine Bemerkung, die erahnen lässt, woran die Deutschen auf militärischem Gebiet noch so arbeiteten: »Die V-2 Raketen seien nur ein Spielzeug gewesen im Vergleich zu dem, was die Deutschen noch vorhatten.« Der Vorsprung, der auf dem Gebiet geheimer, militärischer Hochtechnologie erreicht werden konnte, lässt sich erahnen, wenn man den Bericht eines Angehörigen des noch kurz vor Kriegsende nach Japan ausgelaufenen Unterseebootes U-234 liest, das sich am 19. Mai 1945 den Amerikanern ergeben hatte (siehe hierzu auch »Die Zukunft hat längst begonnen«): »Sie hielten uns vor, dass keiner von uns offenbar ermessen könne, wie wertvoll unsere Fracht gewesen sei. Ende Juli 1945 erklärte mir der Leiter des Untersuchungsteams abschließend, das Material der Mikroaufzeichnungen und die Aussagen unserer Techniker hätten erwiesen, dass wir den Westmächten in entscheidenden technischen Einrichtungen und Entwicklungen ›hundert Jahre voraus‹ gewesen seien.« (16) Und vom Projekt »Die Glocke« ist dabei noch gar nicht die Rede gewesen!

Wir wissen nicht, welche dieser völlig neuartigen Entwicklungen in der großen Absetzbewegung zum Ende des Krieges, die letztlich mit der Herausbildung der Dritten Macht verbunden war, evakuiert werden konnten. Fest steht, mit Hans Kammler, dem technischen Koordinator dieser Maßnahmen (die politischen Koordinatoren waren Martin Bormann und Karl Hanke), sind auch die Informationen über sämtliche geheimen SS-Sonderprojekte, wie sie in den Skoda-Werken, im Untergrund Thüringens und anderswo entwickelt worden sind, von der Bildfläche verschwunden.

Die entscheidende Frage lautet: Welcher Wissensstand wird erreicht, wenn man den damals erzielten Vorsprung über mehr als 60 Jahre hochrechnet? Wissenserweiterung vollzieht sich exponentiell. Da der

Informationstransfer zu den ehemaligen Kriegsgegnern über mehrere Jahrzehnte unterbunden war – umgekehrt dagegen nicht, wie wir gleich sehen werden –, kann davon ausgegangen werden, dass der Abstand mit der Zeit immer größer geworden ist. Und das trotz des in vielerlei Hinsicht erfolgreichen Raubzuges der Alliierten auf der Suche nach Patenten, Forschungs- und Entwicklungsberichten sowie ihrer Jagd nach Spitzenwissenschaftlern. Ich glaube, unser Vorstellungsvermögen kommt bei dieser Betrachtung schnell an seine Grenzen, genauso wie wir überfordert sind, das in den Facetten seiner technischen »Unmöglichkeiten« schillernde UFO-Phänomen zu begreifen.

An dieser Stelle bekomme ich in Diskussionen immer wieder zu hören, dass es zwar gut möglich ist, dass der seitens der Deutschen bei Kriegsende erreichte Wissensvorsprung Jahre, ja gar Jahrzehnte betragen haben kann und dass auch die erfolgreiche Bergung einer Menge von Technologie und Know-how vorstellbar ist, jedoch – wie hätte es der Dritten Macht möglich sein sollen, mit ihrem in den Anfangsjahren sicherlich verhältnismäßig kleinen Personalbestand das vorhandene Material auszuwerten, und vor allem, wie hätte sie es fortentwickeln können?

Auf diese Frage möchte ich im Folgenden einige Lösungsmöglichkeiten anbieten:

Wichtige Forschungsprojekte wurden zwischen 1945 und 1955 im argentinischen »Exil« bei großzügiger Förderung durch die Regierung dieses Landes unter Führung General Perons fortgesetzt. Erinnert sei beispielhaft an den Physiker Ronald Richter und seine Tätigkeit im Atomforschungszentrum auf der Insel Huemul sowie an die Flugzeugbauer Prof. Tank und die Horten-Brüder. (2) **In Argentinien fand die Dritte Macht auch die Basis für die Rekrutierung neuen Personals.** Die deutsche Gemeinschaft zählte seinerzeit etwa 250.000 Köpfe, die in ihrer Mehrzahl für ihre deutsch-nationalistische Einstellung bekannt waren. Ergänzt wurde dieses Potenzial durch einen Zustrom von Deutschen aus Europa. Dieser wird in der Zeit Perons auf 30.000 bis 40.000 Menschen geschätzt. »Diese Neuankömmlinge waren in der Regel gut qualifiziert. Die meisten hatten eine abgeschlossene Berufsausbildung, hatten während des Krieges den Umgang mit moderner Technik erfahren, hatten gelernt, schnell zu entscheiden, Risiken abzuschätzen und effektiv zu improvisieren.« (17) Auch der Wissenschaftsbetrieb in Argentinien wurde nach dem Krieg von den emigrierten Deutschen geprägt. »Allein an der Universität von Tucuman lehrten in den fünfziger Jahren 30 deutsche Professoren. Andere arbeiteten in Mendoza (u.a. der bedeutende Genetiker Heinz Brücher; der Autor), La Plata und Buenos Aires ... Zu ihnen zählten der Chemie-Nobelpreisträger Bergius ... Prof. Szidat, der die Parasitologie auf eine neue Grundlage stellte. Daneben wirkten bedeutende Hydrologen, Botaniker, Geologen, Chemiker und Physiker.« (17)

Es existieren Hinweise dafür, dass auch nach Beendigung des Krieges die Dritte Macht noch zu Forschungsprojekten Zugang hatte, deren Evakuierung nicht mehr rechtzeitig möglich war und die durch die SS in gigantischen unterirdischen Anlagen »versiegelt« worden sind. Siehe hierzu den Abschnitt »Die Wächter leben unter uns!«. Alles in allem gesehen, befand sich die Dritte Macht im schwierigen ersten Jahrzehnt ihrer Existenz in einer komfortablen Situation, was die Fortentwicklung ihrer Hochtechnologieprojekte aus eigener Kraft betrifft.

Darüber hinaus gelang und gelingt es, das Wissen der Gegenseite auf verschiedenen Wegen abzuschöpfen. Viele Informationen sind über Veröffentlichungen in wissenschaftlichen Fachpublikationen, in Bibliotheken und über das Internet für die Dritte Macht frei zugänglich.

Zielgerichtet wurde die Überlegenheit ihrer als UFOs bezeichneten Fluggeräte ausgenutzt, um hochsensible Forschungseinrichtungen, besonders solche mit militärischem Hintergrund, auszuspionieren. So flogen im Dezember 1948 die für die Luftabwehr der Vereinigten Staaten nicht fassbaren Eindringlinge an mehreren Tagen die streng geheimen Installationen der Atomic Energy Commission in Los Alamos, New Mexico, an, wo Amerikas Atomwissenschaftler an der Wasserstoffbombe arbeiteten. Außerdem besuchten sie auch die Nuklearanlage in Hanford, die supergeheime Sandia-Basis bei Albuquerque und das Kernwaffenarsenal in Camp Hood. (2) Dass die auf diesem Weg betriebene Ausforschung militärischer Einrichtungen auch in den folgenden Jahrzehnten nicht abgerissen ist und sich in der Vergangenheit auch auf solche des russischen Imperiums erstreckte, darauf habe ich in »Götterwagen und Flugscheiben« hingewiesen. (2,3)

Von besonderer Brisanz wäre der Nachweis einer Kooperation der Dritten Macht mit Wissenschaftlern, denen gemeinhin das Gegenteil nachgesagt wird. Die Vorstellung, dass Spitzenkräfte, wie zum Beispiel die nach 1945 im Dienst der Vereinigten Staaten stehenden deutschen Raketenfachleute, nahezu sämtliche Hochtechnologieprojekte der Amerikaner nach dem Krieg erfolgreich infiltriert haben könnten, ist für viele sicher kaum auszudenken. Trotzdem scheint genau das der Realität zu entsprechen. Im Jahr 1947 sollte sich herausstellen, dass der ehemalige Kommandeur der Heeresversuchsanstalt Peenemünde, Dr. Walter Dornberger, und der ihm unterstellte führende Raketeningenieur Wernher von Braun bei Kriegsende den Alliierten nicht die volle Wahrheit mitgeteilt hatten. General Dornberger hatte erst unter dem Druck gegen ihn gerichteter Anklagen im März 1947 bei einem Verhör zugegeben, in mehreren Depots weiterführendes Wissen um die deutschen Raketenprojekte versteckt zu haben. Auch der daraufhin von den Amerikanern verhörte von Braun konnte in diesem Zusammenhang mehrfach der Lüge überführt werden. Den amerikanischen Behörden war nunmehr klar, dass die Deutschen zusammenhielten, um den Amerikanern den Zugriff auf ihre versteckten Forschungsunterlagen auch weiterhin zu erschweren. Zu ihrem Ärger mussten die Amerikaner feststellen, dass, als sie den Hinweisen Dornbergers nach- gingen, ein Teil der Depots schon geräumt war, in anderen nur noch die weniger wichtigen Dokumente aufgefunden werden konnten. (8) Die Verschwörung zwischen Dornberger, von Braun und anderen führenden Raketenwissenschaftlern trat offen zu Tage. Bald waren sich die US-Geheimdienste darüber im Klaren, dass es unter den zahlreichen Peenemündern eine eigene Kommandostruktur gab. Auch wurde den Deutschen vorgeworfen, »dass sie unerlaubterweise über die Grenze nach Mexico gingen und sich mit merkwürdigen Deutschstämmigen träfen … drei andere Raketenwissenschaftler unterhielten ›illegale‹ Postfächer in El Paso, durch die sie Geld und kodierte Botschaften aus unbekannten ausländischen Quellen erhielten«. (18) Später führten die deutschen Raketenfachleute, ohne die es bei sämtlichen amerikanischen Welt raumprojekten keine Fortschritte gegeben hätte, in der NASA ein erfolgreiches Eigenleben, das die Amerikaner letztlich 1973 zur Zerschlagung der Gruppe zwang. Erinnert sei auch daran, dass der Wissenschaftler Kurt Debus, der laut Igor Witkowski eine führende Rolle beim Projekt »Die Glocke« einnahm, später zum Direktor des John F. Kennedy Space Center avancierte. (19) Am Beispiel der Raketenforschung wird deutlich, wie wichtige Projekte der amerikanischen Hochtechnologieforschung unter die Kontrolle der Deutschen geraten waren und dass der Dritten Macht anscheinend das Wissen um die jeweiligen Fortschritte der Amerikaner zugänglich gemacht wurde.

Wie ich im vorangegangenen Abschnitt schon ausgeführt habe, kann der Einsatz von Unsichtbarkeitstechnologien durch die Dritte Macht nicht ausgeschlossen werden. Der UFO-Entführungsforscher Budd Hopkins kann immerhin schon auf 16 Fälle verweisen, bei denen solche in unseren Augen magische Technologien zum Einsatz gekommen sein müssen. (12,13) Das impliziert, dass es der Dritten Macht jederzeit möglich ist, völlig unbemerkt in Anlagen, die der Forschung und Entwicklung dienen, einzudringen, um diese auszuspionieren.

Ein letzter Aspekt, der vielleicht ungewöhnlichste in diesem Zusammenhang, sei noch genannt. Die Existenz der sogenannten »Hybriden«, die über ansonsten ungewöhnliche Eigenschaften verfügen, wie Gehirnscans vorzunehmen und andere Menschen durch Hypnose gefügig zu machen, steht für die Fähigkeit der Dritten Macht, das menschliche Erbmaterial in beträchtlichem Umfang durch künstliche Mutationen zu verändern. (1,2) Im Unterschied zum herrschenden Zeitgeist ist bei den Genetikern der Dritten Macht anscheinend nicht die schon vor mehr als 90 Jahren gewonnene Erkenntnis in Vergessenheit geraten, dass neben den körperlichen auch die geistigen und seelischen Merkmale des Menschen den Mendelschen Gesetzen der Vererbung unterliegen. (20) Die Menschen sind eben per se nicht gleich, auch nicht, was ihre spezifischen, sie von ihren tierischen Vorfahren unterscheidenden Eigenschaften angeht. Der Mensch ist geistig bei seiner Geburt kein unbeschriebenes Blatt, wie immer wieder behauptet wird, sondern sein zeit seines Lebens möglicher Handlungsspielraum ist von Beginn an genetisch vorgegeben. So sind manche Menschen eben besonders für eine wissenschaftliche Karriere geeignet, und in einigen Fällen kann sogar eine bestimmte fachliche Prädisposition über mehrere Generationen einer Familie nachgewiesen werden. (20) Das wiederum bedeutet, die Dritte Macht könnte einen entsprechenden Genpool identifiziert und über Kreuzungsversuche weiter herangezüchtet und damit optimiert haben. Sie hätte sich auf diese Weise ein geradezu unerschöpfliches Reservoir von potenziellen Spitzenwissenschaftlern geschaffen, die mit ihrer Arbeit dafür sorgen, dass der Abstand auf dem Gebiet von Wissenschaft und Technik zwischen der Dritten Macht und »unserer Welt« immer größer wird.

Benötigt die Dritte Macht nicht gigantische Produktionsstätten, um Flugscheiben und interplanetare Raumschiffe herstellen zu können?

Betrachten wir zuerst die Maßnahmen, die zur Schaffung einer entsprechenden Infrastruktur unmittelbar nach Kriegsende eingeleitet worden sind. Das für die Errichtung der Untergrundbasis am Pico Tamacuari erforderliche Know-how hatten sich die unter Leitung Hans Kammlers stehenden Bauorganisationen seit der Untertunnelung des Kohnsteinmassivs im Herbst 1943 in zahllosen anderen Projekten aneignen können. Bis Kriegsende konnte in 143 unterirdischen Fabriken die Produktion anlaufen, darüber hinaus waren 107 weitere im Bau bzw. in Planung. An 600 anderen Stellen wurden in natürlichen Höhlen und alten Erzminen Produktionsstandorte und Laboratorien eingerichtet. (21) Mit fortschrittlichen Verfahren gelang es, an einem einzigen Tag bis zu 70 Meter Tunnel auszusprengen, mit Fertigteilen auszukleiden und gegen Wassereinbruch abzudichten. (22) Auf diese Weise entstanden noch vor Mai 1945 in vergleichsweise kurzer Zeit riesige unterirdische Produktions- und Forschungskomplexe. Die Grundfläche der Anlagen im Kohnsteinmassiv betrug ca. 250.000 qm. Übertroffen wurden diese noch von dem in Schlesien gelegenen Objekt »Riese«. Laut einem Bericht konnten hier bis September 1944 schon 220.000 qm fertig gestellt werden. Die Baumaßnahmen dauerten allerdings bis zur Einnahme durch die Rote Armee im Frühjahr 1945 an, so dass die vorbereitete Fläche bei dem damaligen Bautempo nicht unerheblich größer gewesen sein muss. Am Rande erwähnt – aufgefunden werden konnten bis heute von dieser Fläche lediglich 70.000 qm. Die anderen wurden von den SS-Sprengkommandos gezielt vor den Augen der Nachwelt verborgen. (23) Die mit Abstand größten unterirdischen Anlagen befanden sich jedoch in Thüringen, wo nahezu bis zuletzt an verschiedenen Geheimprojekten gearbeitet worden ist. Die Gesamtfläche dieser in ihrer Gesamtheit bis heute nicht »wieder entdeckten« Einrichtungen soll in der Größenordnung von 750.000 qm liegen. (22) Nicht vergessen werden darf, dass die Dritte Macht beim Ausbau ihres Hauptquartiers am Pico Tamacuari auf schon vorhandene Höhlen zurückgreifen konnte. (1)

Die Schaffung einer auf mehrere Standorte in verschiedenen Ländern dislozierten Infrastruktur für Produktion und Forschung wurde seit Mitte 1944 von der deutschen Führung gezielt vorbereitet. Auskunft über die geplanten Maßnahmen gibt u.a. der von mir in »Die Zukunft hat längst begonnen« zitierte Agentenbericht über ein Treffen hoher Funktionäre aus Politik und Wirtschaft am 10. August 1944 im Hotel »Maison Rouge« in Straßburg. Bis zum Frühjahr 1945 gründeten die Emissäre der deutschen Wirtschaft weltweit 750 Firmen bzw. kauften diese auf. (2)

Seit 1946 konzentrierten sich die Anstrengungen, die dem Aufbau einer wirtschaftlichen Basis dienen sollten, freilich auf das als sicheres Refugium erkannte Argentinien unter der Führung General Perons. Auf eine Reihe gemeinschaftlich vorangetriebener Projekte, so auf die Flugzeugfabrik in Cordoba sowie auf das Hochtechnologiezentrum auf der Insel Huemul bei Bariloche, habe ich in meinen anderen Veröffentlichungen hingewiesen.

Das Geflecht von »Tarnfirmen«, das ohne Zweifel bis heute existiert, ohne dass im Einzelfall das Management des jeweiligen Unternehmens diese Zusammenhänge durchschauen muss, konnte bis heute nicht aufgeklärt werden. Über direkte und indirekte Beteiligungen konnten und können selbst für Insider kaum noch überschaubare Firmenkonglomerate entstehen. (24) Ein gutes Beispiel dafür war die bis in die zweite Hälfte der 90er Jahre des letzten Jahrhunderts als Stützpunkt von der Dritten Macht genutzte Colonia Dignidad:

In der Nähe des Dörfchens Trovolhue (Provinz Cautin) erwarb die Kolonie Schürfrechte auf 99 Jahre für die Metalle Titanium und Molybdän. Angeblich unternahmen die Colonia Dignidad und ihre geschäftlich mit der Brüsseler Firma ABRACOR verbundene Tarnfirma ABRATEC hier nur Versuchsbohrungen. Angeblich ... Auch über zwei Goldminen verfügt die Kolonie, einmal in der Nähe des südchilenischen Temuco, zum anderen bei dem südlich von Concepción gelegenen Tirua. Im Norden von Chile betreibt sie zudem eine Schwefel- sowie eine Quecksilbermine ... Die Kolonie schürft in Chile auch den strategisch wichtigen Rohstoff Uran! (2)

Die Frage, die sich logisch an diese Betrachtungen anschließt, lautet: Wie gelangt die Dritte Macht in den Besitz der finanziellen Mittel, um solche wirtschaftlichen Transaktionen vornehmen zu können? Während der Konferenz im Hotel »Maison Rouge« wurde dazu Folgendes beschlossen: »Von nun an werde die Regierung den Industriellen große Summen zuweisen, so dass jeder sich eine sichere Nachkriegsbasis im Ausland schaffen könne. Die bestehenden Finanzreserven müssten zur Verfügung der Partei gehalten werden, so dass ein starkes deutsches Reich nach der Niederlage (!, der Autor) geschaffen werden könne.« (2)

An die Stelle der abgewirtschafteten Partei trat die Dritte Macht, welche »dank der Kriegsschätze Benito Mussolinis und Adolf Hitlers ... über einen unbegrenzten finanziellen Rückhalt« verfügte. Die im letzten Satz eingefügten Zitate – von mir schon in anderem Zusammenhang genannt – entstammen den Verlautbarungen von Narciso Genovese, der schon in den 50er Jahren des letzten Jahrhunderts in den Besitz zutreffender Erkenntnisse über die Dritte Macht gelangt sein muss. (1)

In den letzten Jahren hat sich die Dritte Macht zum Erwerb der notwendigen finanziellen Mittel verstärkt der modernen Instrumente der Kapitalmärkte bedient. Im Zusammenhang mit den durch sie initiierten Terroranschlägen vom 11. September 2001 sowie dem beinahe ausgelösten großen Crash am 17. September 2008 hatte die Dritte Macht Leerverkäufe als »Waffen« aus der Finanzwelt eingesetzt und dabei zumindest im ersten Fall nach den Ermittlungen der Finanzaufsichts-Behörden »Milliarden verdient«. (1)

Eine gänzlich andere Frage ist die, ob zur Gewinnung von Energie sowie für die Herstellung der Flugscheiben und interplanetaren Raumschiffe tatsächlich ihrer Größe nach gigantische Produktionsstätten vorhanden sein müssen. Ich denke, nein. Die Apparatur »Die Glocke«, mit der das Nullpunktenergiefeld angezapft und auf diese Weise Zugriff auf eine unbegrenzte Energieressource genommen werden kann, ist ihren Beschreibungen nach (siehe »Die Zukunft hat längst begonnen«) von eher geringen Ausmaßen. Das Gleiche gilt für die Mehrzahl der gesichteten Flugscheiben. Zudem scheint deren Anzahl nicht besonders groß zu sein. Siehe den oben zitierten Augenzeugenbericht, der von lediglich »20 diskusförmigen Objekten« auf dem Gelände des »Flughafens« innerhalb der großen Höhle spricht.

Auch die augenscheinlich größeren UFOs, die nach dem »Horten-Prinzip« konstruierten »Dreiecke« und »Boomerangs«, werden sicherlich in Platz sparender Segmentbauweise hergestellt. Selbst für die für den interplanetaren Verkehr eingesetzten Raumschiffe können wir eine Größe annehmen, die weit unter den Vorstellungen unserer Science-Fiction-Autoren liegt. Aufgrund des völlig neuartigen Antriebs nach dem Prinzip von »Die Glocke« wird im Unterschied zur konventionellen Raumfahrt nur ein geringer Teil der Nutzlast auf die Antriebseinheit entfallen. Von daher vermute ich, dass die Marszubringer nicht bedeutend größer ausfallen als die größten gesichteten Flugscheiben. Sie müssen demnach nicht etwa im Orbit zusammengesetzt werden. Ihre Herstellung ist mit vergleichsweise geringen Kosten in irdischen Produktionsstandorten denkbar. Dass sich diese in der Unterwelt des Pico Tamacuari und der angrenzenden Berge der Sierra do Tapirapeco befinden, ist zumindest möglich. Dieses Gebirge erstreckt sich immerhin über eine Länge von etwas mehr als 100 Kilometer und ca. 20 Kilometer Breite. Darüber hinaus kann auch eine andere Möglichkeit nicht ausgeschlossen werden. Aber dazu später mehr.

Einige besonders anspruchsvolle und geheime Projekte dagegen, wie zum Beispiel die Produktion der von den UFO-Entführungsopfern als Hilfskräfte der »Blonden«, als sogenannte »Graue«, bezeichneten Roboter oder kybernetischen Organismen sind auf den Mars ausgelagert worden, wie die besonders gründlich recherchierten Berichte der Betty Andreasson nahelegen. (2)

Wie funktioniert die Kommunikation zwischen den Fluggeräten und den Stützpunkten der Dritten Macht?

Zugegeben, eine sehr gute Frage, die ich mir bisher in dieser Form auch noch nicht gestellt hatte. Und wie ich zu meinem großen Erstaunen feststellen konnte, existiert in der gesamten mir bekannten Literatur zum UFO-Thema kein einziger Hinweis, der bei der Lösung behilflich sein könnte! So als gäbe es diese Kommunikation nicht. Der nicht vorhandene Informationsaustausch zwischen den UFOs, besser gesagt, unsere Unfähigkeit, ihn mit unseren technischen Hilfsmitteln zu registrieren und im zweiten Schritt zu entschlüsseln, lässt nur den einen Schluss zu: Kommunikation findet auf einer Ebene statt, zu der unsere Wissenschaft noch keinen theoretischen, geschweige denn einen praktischen Zugang hat.

Was liegt näher, als die Vermutung auszusprechen, dass jenes »Masterpiece« der Dritten Macht, das Projekt »Die Glocke«, auch hierbei ursächlich ist. Mit ihm konnte anscheinend nicht nur die Gravitation abgeschirmt und das Nullpunktenergiefeld angezapft werden. Beobachtet wurde bei Experimenten mit dieser Apparatur auch die Zerstörung von Gewebestrukturen in organischen Substanzen. Dass künstlich erzeugte Gravitationswellen in den ihnen ausgesetzten Materialien Strukturveränderungen hervorrufen können, darauf hatten schon der russische Wissenschaftler Genadiy Shipov wie auch der deutsche Physiker Burkhard Heim, auf den wir später noch zu sprechen kommen, hingewiesen. (2)

Durch das hohe Drehmoment innerhalb einer Apparatur wie der von »Die Glocke« und das daraus resultierende Torsionsfeld (zum genauen Funktionsprinzip siehe »Die Zukunft hat längst begonnen«) kommt es zur Krümmung der vier Dimensionen des Raumes. Je mehr Torsion erzeugt wird, desto größer ist die Störung des Raumes. Die Konsequenz daraus: Unterschiedlich starke Gravitationswellen werden generiert. Die Methode, die seitens der Dritten Macht für ihre interne Kommunikation zur Anwendung kommt, muss auf der Modulation hochfrequenter Gravitationswellen beruhen.

Die Gravitationswellen-Forschung wird gegenwärtig in zwei voneinander abgegrenzten Bereichen betrieben. Die Suche nach niederfrequenten Gravitationswellen konzentriert sich auf Ereignisse in kosmischen Dimensionen, die nach der allgemeinen Relativitätstheorie als Ursache infrage kommen, also zum Beispiel schnell rotierende Doppelsternsysteme. Einige der Wissenschaftler, deren Forschungsansatz sich auf die hochfrequenten Gravitationswellen erstreckt, sind der Ansicht, dass diese schon in naher Zukunft unter Laborbedingungen erzeugt werden können. Unter den möglichen praktischen Nutzanwendungen wäre dann auch die Übermittlung von Informationen. (25) Ab diesem Zeitpunkt könnten die Kommunikationsverbindungen der Dritten Macht, insofern sie nach diesem Prinzip funktionieren, aufgespürt werden.

Denkbar wäre freilich auch noch eine andere Art der Informationsübertragung: Diese basierend auf der Modulation des Nullpunktenergiefeldes. »Frequentiertes Quantenrauschen« wäre vielleicht ein adäquater Begriff dafür. In diesem Fall ist der von der Dritten Macht erreichte Wissensvorsprung wohl als deutlich größer zu veranschlagen als bei der Nutzung von Gravitationswellen.

Was wissen die Regierungen über die Dritte Macht?

Das Wirken der Dritten Macht nach 1945 manifestiert sich nach außen hin hauptsächlich durch das UFO-Phänomen. Von daher ist im ersten

Schritt zu klären, was die Verantwortlichen unter den Entscheidungsträgern über dieses Thema auszusagen wissen. Offiziell wird den unidentifizierten Flugobjekten im Luftraum durch die veröffentlichte Politik ein Stellenwert eingeräumt, der gegen Null geht. Daran hat auch die in einigen Ländern in den letzten Jahren erfolgte schrittweise Freigabe von »UFO-Akten« nichts geändert. Die seltsamen Eindringlinge bleiben auf höchster Regierungsebene ein Tabuthema. Die Gründe dafür sind weniger in einer rigorosen Geheimhaltung zu suchen. Es ist die Gefahr, sich lächerlich zu machen, alle öffentliche Reputation zu verlieren, sobald man sich mit diesem Thema zu beschäftigen beginnt. Unter den wenigen Vorstößen von dieser Entwicklung ernsthaft besorgter Verantwortlicher ist einer besonders erwähnenswert, wobei bezeichnend ist, dass sich die Mehrzahl der Verfasser zur Zeit seiner Veröffentlichung schon im Ruhestand befand. Die Rede ist von dem 90 Seiten starken COMETA-Report, der im Jahr 1999 veröffentlicht wurde. Geplant war das Papier zur Unterrichtung der französischen Regierung, fand aber auch in den öffentlichen Medien Verbreitung.

Die Mitglieder der privaten, COMETA genannten Forschungsgruppe setzten sich aus hochrangigen Militärs und Wissenschaftlern Frankreichs zusammen. Darunter befanden sich solche Kapazitäten wie:

- General Denis Letty, Präsident von COMETA, Generalmajor a.D. der französischen Luftwaffe, von 1966 bis 1980 Kommandant der taktischen Luftstreitkräfte und zuständig für die Entgegennahme von UFO-Berichten,
- General Pierre Bescond, Brigadegeneral a.D. des Corps der Rüstungsingenieure,
- Denis Blancher, amtierender Chefinspektor der Gendarmerie im Innenministerium,
- General Bruno Le Moine, Brigadegeneral a.D. der französischen Luftwaffe,
- Francoise Lepine, Mitglied der Gesellschaft für Verteidigungsstudien,
- Christian Marchal, Forschungsdirektor am französischen nationalen Forschungsinstitut für Raumfahrt,
- Admiral Marc Merlo, 3-Sterne Admiral a.D. der französischen Seestreitkräfte,
- General Dr. Alain Orszag, Doktor der Physik und Brigadegeneral a.D. des Corps der Rüstungsingenieure.

Am Bericht mitgewirkt haben auch andere Personen, die selbst nicht Mitglieder der COMETA-Gruppe waren, darunter auch Prof. André Lebeau, der ehemalige Leiter der staatlichen französischen Raumfahrtagentur CNES, und General Bernard Norlain, 4-Sterne General, ehemaliger Kommandant der taktischen Luftstreitkräfte Frankreichs sowie militärischer Berater des Premierministers.

Der Report kommt nach dreijährigen Recherchen durch die beteiligten Wissenschaftler und Militärs zu folgendem Ergebnis:

Unter Berücksichtigung aller nur denkbaren Erklärungen können mindestens fünf Prozent aller UFO-Sichtungen weder menschlicher Technologie noch natürlichen Ursachen zugeordnet werden. Diese geräuschlosen und komplett unbekannten Flugobjekte dringen in unseren Luftraum ein und demonstrieren dabei Flugeigenschaften, die auf der Erde bisher unerreicht sind. Sie erwecken den Eindruck, als würden sie unter intelligenter Kontrolle stehen. Das UFO-Phänomen ist von daher real und nicht das Ergebnis von Einbildungen. Die extraterrestrische Hypothese wird als die wahrscheinlichste Erklärung bezeichnet, bewiesen werden kann sie allerdings gegenwärtig nicht. Der Ursprung und die Natur dieser Objekte bleiben vorerst unklar. (26)

Den USA wird im COMETA-Report vorgeworfen, mit einem beeindruckenden Arsenal von Unterdrückungsmaßnahmen die Freigabe von UFO-Informationen zu verhindern, eine Politik der Desinformation zu betreiben und auf diese Weise eine konstruktive Diskussion von UFO-Sichtungen zu verhindern. Erinnert sei in diesem Zusammenhang u.a. an die *Air Force Regulation 200-2* »Unidentified Flying Objects Reporting«, welche eine Veröffentlichung »solcher Objekte, die nicht erklärbar sind« verbietet. Noch restriktiver formuliert die *Joint Army Navy Air Force Publication 146*. In dieser wird die Freigabe von Berichten über UFO-Sichtungen, die die nationale Sicherheit gefährden, unter Strafe gestellt. (26) In meinen bisher erschienenen Büchern hatte ich außerdem auf die 1979 durch den Bundesrichter Gesell verhinderte Einsichtnahme in die UFO-relevanten Akten der National Security Agency (NSA) sowie auf das so genannte Bolender-Memo mit der Anweisung, UFO-Berichte, die die nationale Sicherheit berühren, nicht an die offizielle Blue-Book-Untersuchungsbehörde weiterzuleiten, hingewiesen. (2,1) Das führt zu der Frage, ob nicht wenigstens die Verantwortlichen in der amerikanischen Regierung wissen, was vorgeht. Bei ihren Verbündeten scheint, wenn auch nicht bei den Politikern, so doch zumindest bei den hochrangigen Militärs, wie das Beispiel Frankreichs zeigt, das UFO-Phänomen die ihm gebührende Aufmerksamkeit zu finden. Die klare Linie, die von den militärischen Entwicklungen des unterlegenen Kriegsgegners bis hin zu den modernen UFOs führt, ist allerdings in diesen Kreisen bislang in seiner ganzen Tragweite noch nicht erkannt worden ist.

Was also wissen die Amerikaner tatsächlich?

Das im Jahr 2011 erschienene Buch »UFOs, myths, conspiracies, and realities« erteilt auf diese Frage eine verblüffende Antwort. (27) Der Autor des Buches, John B. Alexander, kann auf eine beeindrukkende Vita verweisen. Die Stationen seines beruflichen Werdeganges lauten: Kriegsveteran der Spezialeinheit Green Berets, Projektmanager an den Los Alamos National Laboratories, Mitglied der von der NATO ins Leben gerufenen Studiengruppe zu nichttödlichen Waffen, Mitglied des National Research Council der USA, des Council on Foreign Relations, Berater des National Intelligence Council, der CIA, des U.S. Special Operations Command sowie des Army Science Board.

Beginnend in den 80er Jahren des letzten Jahrhunderts organisierte John B. Alexander eine informelle, interdisziplinäre Forschungsgruppe, die sich aus hochrangigen Vertretern des US-Militärs, der Geheimdienste sowie der Luftfahrtindustrie zusammensetzte. Die Bemühungen der involvierten Personen zielten in zweierlei Richtungen. Erstens sollte überprüft werden, ob eine vorurteilsfreie wissenschaftliche Auswertung der vorhandenen Daten überhaupt ein Unbekanntes als Ursache der gemeldeten Sichtungen ergeben würde. Zweitens sollte der Frage nachgegangen werden, ob bezüglich der UFOs seitens von US-Behörden tatsächlich, wie oft behauptet, ein »Cover up«, eine planmäßige Vertuschung der Fakten, betrieben wird.

Bezüglich der Realität der UFO-Sichtungen kam die Gruppe zu folgendem Ergebnis:

- Es gibt genügend mit wissenschaftlichen Methoden gewonnene Hinweise, dass einige UFO-Fälle tatsächlich als Anomalien bezeichnet werden können.
- Bestimmte im Zusammenhang mit militärischen Anlagen und Waffensystemen stehende Fälle stellen eine Gefährdung dar und sollten untersucht werden.

– Auf vielfältige Weise gewonnene Daten unterstützen die Beobachtungen von physikalisch realen Fluggeräten, die intelligente Manöver ausführen, weit jenseits der gegenwärtigen menschlichen Fähigkeiten. Dazu gehören: Extreme Beschleunigungen, ungewöhnlich hohe Geschwindigkeiten, schnelle und scharfe Richtungsänderungen, abrupt einsetzende Radarunsichtbarkeit sowie die Unterbrechung elektrischer Systeme, ohne diese nachhaltig zu schädigen. (27)

Mit Ausnahme der herausgestellten Gefährdung militärischer Einrichtungen durch einige der UFO-Aktivitäten gleicht dieser Bericht in seinen Details dem COMETA-Report. Verschiedene Hypothesen wurden herangezogen, um die Verursacher der Phänomene identifizieren zu können, ohne freilich mit einem Ergebnis aufwarten zu können. Dem aufmerksamen Leser des genannten Buches wird nicht entgehen, dass die »German Connection« als mögliche Antwort auf die gestellten Fragen in keinem Fall Erwähnung findet. Damit verbunden wäre die einzige Erklärung, die, ohne Zuflucht zu exotischen Theorien nehmen zu müssen, alle beobachteten Anomalien widerspruchsfrei einordnen könnte – als evolutionäre Entwicklung von Flugobjekten der Dritten Macht, hervorgegangen aus dem Projekt »Die Glocke«. (2) Neben den auf einen Antigravitationsantrieb hindeutenden Flugeigenschaften der UFOs war selbst schon die Radarunsichtbarkeit ein kennzeichnendes Merkmal der ab Herbst 1944 beobachteten und als foo-fighters bezeichneten Feuerbälle. (1)

Von großer Bedeutung sind die Erkenntnisse der von John B. Alexander geleiteten Gruppe hinsichtlich der zweiten Fragestellung. Die Ermittlungen haben zweifelsfrei ergeben, dass gegenwärtig kein die UFOs betreffendes, von der US-Regierung verhängtes »Cover up« existiert. Zwar scheinen ausnahmslos alle befragten Vertreter jener Behörden, die sich in der Vergangenheit den Vorwurf gefallen lassen mussten, aktiv in das UFO-Phänomen verwickelt zu sein, die Meinung zu vertreten, es gäbe eine zentrale Stelle für die Erfassung und die professionelle Auswertung der UFO-Daten. Alle aber wiederum vermuten, dass es eine andere Behörde als die eigene sein muss, frei nach dem Muster: Die NSA denkt, die CIA würde diese Arbeit übernehmen, die CIA ist der Meinung, nur die Air Force könne diese Aufgabe lösen, und so weiter und so fort. Im Ergebnis der Nachforschungen scheint festzustehen, dass gegenwärtig niemand sich dieser Verantwortung stellt, was umso merkwürdiger anmutet, als eine Gefährdung der nationalen Sicherheit eben doch, wie zum Beispiel die Zwischenfälle über den US-Raketensilos (1,27) beweisen, gegeben ist und darüber hinaus seit Jahrzehnten auch alles dafür getan wird, um die besten militärischen UFO-Untersuchungsberichte der Öffentlichkeit vorzuenthalten.

Welcher Ausweg führt aus diesem Dilemma? Es gibt nur einen: die von mir so bezeichnete »German Connection«, die Dritte Macht. Der Schlüssel liegt in der im vorstehenden Satz gewählten Formulierung »seit Jahrzehnten«. Alexander und seine Forschungsgruppe haben recht. Seit Jahrzehnten gehört es nicht mehr zur Aufgabe maßgeblicher US-Behörden, die Ursachen des UFO-Phänomens zu erforschen. Der Grund: Die wahren Urheber und deren Absichten sind den Amerikanern spätestens seit Anfang der 50er Jahre des letzten Jahrhunderts bekannt! Würden sich hinter den UFOs mit einer gewissen Wahrscheinlichkeit die Aktivitäten unbekannter Außerirdischer verbergen, hätten die Amerikaner alle Ursache, umfangreiche Forschungsprogramme zur Abwehr dieser möglichen Bedrohung zu mobilisieren. Weil das nicht passiert, kann davon ausgegangen werden, dass die UFOs nicht außerirdischer Herkunft sind. Gäbe es – ein letzter Ausweg für die ET-UFO-Gläubigen – eine Kooperation zwischen Amerikanern und Außerirdischen, die weitere Forschungsprogramme unnötig machte, wäre das mit Sicherheit irgendwann durchgesickert bzw. würden die USA auf dem Gebiet der bemannten Weltraumfahrt nicht länger auf dem Stand der 60er und 70er Jahre des letzten Jahrhunderts verharren.

So bleibt hingegen anzunehmen, dass nicht nur die Dritte Macht als aktiv handelnde Kraft hinter den UFOs seit langem bekannt ist, sondern auch deren Intention, diesen Planeten keinesfalls mit Gewalt zu übernehmen. Es bestand demnach bislang nicht der geringste Anlass, von einer tatsächlichen Gefährdung der nationalen Sicherheit auszugehen. Das Ausspionieren militärischer und wissenschaftlicher Anlagen wird anscheinend nicht als direkte Bedrohung eingeschätzt. Selbst die »Maßnahmen« des 11. September 2001 könnten in diesem Kontext lediglich als begrenzter »Nadelstich« zur Einleitung eines friedlichen Übernahmeszenarios, gemeint ist nach einem totalen Crash des Weltfinanzsystems, begriffen worden sein. Zumal es die Amerikaner verstanden, sich dieses Ereignis schnell für ihre geostrategischen Ambitionen in ihrem vermeintlichen »Kampf gegen den Terror« nutzbar zu machen.

Schon in dem von mir in meinem ersten Buch ausführlich dargestellten Twining-Bericht vom 23. September 1947, der den damaligen Erkenntnisstand der US-Militärs zum Thema UFOs zusammenfasste, wird deutlich, dass die Amerikaner so langsam eine Ahnung beschlich, wo sie die Verursacher der ersten großen UFO-Welle über Nordamerika zu suchen hatten. Anders lässt sich die dort ohne Angaben von Gründen abgegebene Behauptung über die Reichweite der unbekannten Flugobjekte nicht deuten. »Eine annähernde Reichweite von 11.000 Kilometern« – das entspricht der Entfernung der direkten Flugstrecke von der Mitte des südamerikanischen Kontinents, dem Hauptquartier der Dritten Macht am Pico Tamacuari, bis in die Vereinigten Staaten und zurück. Auch in den amerikanischen Medien sickerten Berichte durch, die die Deutschen hinter den UFO-Sichtungen vermuteten. So erschien in der *Denver Post* vom 7. November 1947 ein Beitrag, der sich als Wiedergabe eines Agentenberichtes verstand. Ihm zufolge sollten deutsche Wissenschaftler im Spanien General Francos (vielleicht anfänglich dort 1945/46, danach in Südamerika, der Autor) elektromagnetische Raketen entwickelt haben, die für die Welle von Beobachtungen fliegender Untertassen im Sommer des betreffenden Jahres verantwortlich gewesen seien. (2)

Von entscheidender Bedeutung in diesem Zusammenhang ist das von mir schon in »Die Zukunft hat längst begonnen« zitierte interne Memorandum des kanadischen Verkehrsministeriums vom 21. November 1950, verfasst vom Leiter Nachrichtentechnik Wilbert B. Smith, das wegen seiner Bedeutung in den wichtigsten Passagen hier noch einmal wiedergegeben werden soll:

» … Über das Personal der kanadischen Botschaft in Washington habe ich diskret Erkundigungen eingezogen, und es gelang ihnen, folgende Informationen für mich zu bekommen:

- a. Die Angelegenheit (der UFOs, der Autor) ist das Thema mit der höchsten Geheimhaltungsstufe in den Vereinigten Staaten und rangiert sogar noch über der Wasserstoffbombe.
- b. Es gibt fliegende Untertassen.

– c. Ihre Funktionsweise ist unbekannt, aber eine kleine Gruppe unter Leitung von Doktor Vannevar Bush bemüht sich intensiv um Aufklärung.
– d. Die Behörden der Vereinigten Staaten messen der ganzen Angelegenheit äußerste Bedeutung bei.« (2)

Der Umstand, dass die Amerikaner ganz im Gegenteil seit mehreren Jahrzehnten dem UFO-Thema überhaupt keine Beachtung mehr schenken, kann nur bedeuten, dass den Anstrengungen der in dem Dokument erwähnten kleinen Gruppe letztendlich Erfolg beschieden war. Die Baumeister der UFOs wurden identifiziert, ihre vorerst friedlichen Absichten sorgten nicht weiter für Beunruhigung. Das Ende der 60er Jahre des letzten Jahrhunderts initiierte Projekt »Blue Book«, welches, wie wir seit der Deklassifizierung des Bolender-Memos wissen, die stichhaltigsten UFO-Beweise gar nicht zur Verfügung gestellt bekommen hatte, diente lediglich der Beschwichtigung der öffentlichen Meinung und »begründete« dieser gegenüber die zukünftige Untätigkeit der Behörden die unbekannten Flugobjekte betreffend.

John B. Alexander geht in seinem Buch nur ganz kurz auf das Memorandum des kanadischen Verkehrsministeriums ein und tut es ab mit dem Satz: »Smith schrieb das Memo im Jahr 1950, und die Welt war damals sehr verschieden von der unsrigen heute. Der Stellenwert der UFOs war viel höher als heute.« (27) Welch eine merkwürdige Begründung, um diesem Schlüsseldokument nicht mehr Aufmerksamkeit schenken zu müssen! Die auch mich anfänglich überraschende Erkenntnis, dass in den USA von offizieller Seite seit Jahrzehnten tatsächlich keine geheimen Forschungen zum UFO-Phänomen unternommen werden, wird an dieser Stelle aus meiner Sicht mit unzulänglichen Mitteln bis in die 40er und frühen 50er Jahre des letzten Jahrhunderts erweitert. Dazu gehört auch die Interpretation eines Ausspruchs des damaligen US-Präsidenten Dwight D. Eisenhower, dessen Amtszeit von 1953 bis 1961 in diese frühe Phase fiel. Angesprochen auf die UFOs antwortete Eisenhower im Dezember 1954 einem Fragesteller: »Unter Bezugnahme auf diese kürzlich erschienenen Berichte ist in dieser ganzen Zeit weder in mündlicher noch in schriftlicher Form etwas an mich herangetragen worden. Vor längerer Zeit teilte mir ein Angehöriger der Air Force mit, dass der Glaube, sie kämen von anderen Planeten, nicht der Realität entsprechen würde.« (27) Wenn der Präsident damals damit auch seine private Meinung zu den UFOs wiedergegeben haben sollte, kann man ihn rückblickend nur bestätigen. Er hat nicht gelogen.

Um die Anfang der 50er Jahre gewonnene Erkenntnis von der ganz anderen Urheberschaft der UFOs auf einen möglichst kleinen Kreis beschränkt zu halten, wurden die laufenden amtlichen Untersuchungen Schritt für Schritt eingestellt bzw. der Informationsfluss mehr und mehr eingeschränkt. Das Thema – in der Öffentlichkeit zunehmend der Lächerlichkeit preisgegeben – wurde auf diese Weise über die Jahre tatsächlich ein Tabuthema. Bis in die frühen 60er Jahre war die Geheimhaltung freilich noch nicht eine absolute. Der bekannte US-Senator Barry Goldwater, bei der Präsidentschaftswahl 1964 Kandidat der Republikanischen Partei, ließ in späteren Jahren in einigen Briefen und Interviews Seltsames verlauten. Im Jahr 1975 schrieb er in einem Brief über seine Bemühungen, etwas über das seiner Meinung nach existente geheime UFO-Programm herauszufinden: »Vor zehn oder zwölf Jahren wollte ich klären, was sich in dem Wright-Patterson Luftwaffenstützpunkt befand, wo alle Informationen der Air Force gesammelt wurden, aber mir wurde klar zu verstehen gegeben, diese Anfrage zu unterlassen. Es ist mit einer Geheimhaltungsstufe höher als Top Secret versehen.« In einem Brief aus dem Jahr 1981 ergänzte er: »Ich habe eine ganze Reihe von Ablehnungen erhalten, so dass ich es mit der Zeit aufgegeben habe … diese Angelegenheit wurde in einem Maße klassifiziert … dass es gänzlich unmöglich ist, darüber eine Auskunft zu erhalten.« Und 1994 in einem Interview: »Ich fragte Curtis LeMay (zwischen 1961 und 1965 Stabschef der US Air Force, der Autor), ob ich nach Wright-Patterson kommen könnte, wo das gesamte geheime Material gelagert sei. Ich hatte ihn bisher niemals aufgebracht gesehen, doch diesmal war er wütender als die Hölle zu mir und sagte, ›Stellen Sie mir diese Frage niemals wieder!‹« (26) Wie zu erkennen ist, wurde zur Zeit der Präsidentschaftskandidatur von Senator Goldwater die Existenz geheimer Regierungsinformationen zum UFO-Thema zumindest noch nicht geleugnet. Ihr Inhalt wurde aber schon damals selbst einflussreichen und politisch mächtigen Vertretern des Establishments nicht mehr zugänglich gemacht. Diese Tendenz scheint sich in den Folgejahren noch verstärkt zu haben. Die Recherchen der Gruppe um John B. Alexander belegen, dass nicht einmal mehr die späteren Präsidenten eingeweiht worden sind. Warum auch? Die nationale Sicherheit war ja vorerst nicht gefährdet …

Nachdem jetzt das theoretische Fundament zum Thema Dritte Macht unverrückbar fest liegt, möchte ich im nächsten Kapitel neue Perspektiven aufzeigen, die sich in den letzten Jahren in der Forschung aufgetan haben und auf die einzugehen ich bisher aus bestimmten Gründen vermieden habe.

3.
Neue Perspektiven

3.1. Verstehen Sie Papua?

»Unheimliche Begegnung der dritten Art« heißt ein Film, der vor Jahren beim Kinopublikum für großes Aufsehen sorgte. Als Begegnungen der dritten Art werden solche UFO-Sichtungen bezeichnet, bei denen im Zusammenhang mit den Flugobjekten auch belebte Wesen beobachtet werden. Am 26. und 27. Juni 1959 ereignete sich der wohl spektakulärste Fall dieser Sichtungskategorie, zudem der mit den meisten Zeugen. Im Zentrum dieser Wahrnehmung stand der anglikanische Geistliche Pfarrer William Booth Gill, der in Boainai, im äußersten Südosten der Insel Neuguinea, zu dieser Zeit eine Mission leitete. Aus den aufgezeichneten Berichten des Pfarrers Gill sowie aus den Befragungen von anderen Zeugen lässt sich folgender Ablauf rekonstruieren:

26. Juni:

18.45 Uhr: Pfarrer Gill beobachtet in westlicher Richtung am Himmel ein großes weißes Licht; herbeigerufene Einheimische sehen das Licht ebenfalls.
18.55 Uhr bis 19.04 Uhr: Bis zu vier »Männer« bewegen sich am oberen Rand des UFOs.
19.10 Uhr bis 19.20 Uhr: Die »Männer« tauchen wieder auf, zusätzlich ein »dünner elektrischer blauer Suchscheinwerfer«; das UFO verschwindet in den Wolken.
20.28 Uhr bis 20.35 Uhr: Der Himmel klart auf, das UFO ist wieder sichtbar, scheint herabzuschweben, wird größer; ein zweites Objekt wird über dem Meer gesehen, ein drittes über dem Dorf.
20.50 Uhr bis 21.30 Uhr: Erneut Wolkenbildung, das große UFO bleibt stationär, drei andere – einem Diskus ähnelnd – fliegen durch die Wolken hin und her; das große UFO verschwindet mit hoher Geschwindigkeit seewärts.
21.46 Uhr bis 22.30 Uhr: Das große UFO erscheint wieder, diesmal direkt über den Köpfen der Zeugen, schwebt dort eine Weile; in der Folgezeit stark bedeckter Himmel und Regen.

27. Juni:

18.00 Uhr bis 19.45 Uhr: Das große UFO ist wieder präsent, wird zuerst gesehen von einer technischen Angestellten des Krankenhauses;

Phase der größten Annäherung, auch die »Männer« können erneut beobachtet werden; Pfarrer Gill und zwölf andere aus der Gruppe winken zu den Gestalten hinauf, eine von diesen scheint zurückzuwinken; zusätzlich sind zwei kleinere Objekte sichtbar, verharren in größerer Höhe; bei dem großen UFO trat auch der »blaue Suchscheinwerfer« wieder in Aktion; aufgrund der zunehmenden Bewölkung endet die Sichtung. (28,29)

In einer 1979 durchgeführten Umfrage unter 90 führenden UFO-Forschern nach dem ihrer Meinung nach überzeugendsten UFO-Ereignis wurde die Sichtung des Pfarrers Gill in Papua-Neuguinea am häufigsten genannt. (30) Die Gründe hierfür liegen auf der Hand:

Mit Pfarrer Gill war ein überaus glaubwürdiger Hauptzeuge gegeben. Insgesamt wurden 37 weitere Zeugen namhaft gemacht. 25 davon unterzeichneten einen Bericht, der die Details der Sichtung wiedergibt. Bei fünf der Zeugen handelte es sich um Lehrer, bei drei weiteren um medizinische Assistenten. Diesen Berufsgruppen kann eine gewisse Fähigkeit zur realistischen Einschätzung des Gesehenen sicherlich nicht abgesprochen werden. Übereinstimmend wurde berichtet, dass das große Objekt kreisförmig war, eine breite Basis sowie ein schmaleres Oberdeck hatte und an der Unterseite »Beine« befestigt waren. Deutlich konnten vier menschliche Gestalten auf dem UFO beobachtet werden. Darüber hinaus fand auch der Schaft aus blauem Licht, der in einem 45-Grad-Winkel himmelwärts gerichtet war, der sogenannte Suchscheinwerfer, seine Bestätigung in den Aussagen der beteiligten Beobachter. Auffällig war noch, dass die Flugobjekte über keinen sichtbaren Antrieb verfügten, kein Geräusch verursachten sowie beim Schweben über dem Wasser keine Bewegung an der Wasseroberfläche festgestellt werden konnte. (30) Interessant ist auch, was über die Art und Weise, wie sich das große Objekt am 26. Juni entfernt hatte, berichtet wurde. Demnach ging es in eine leicht wellenartige Bewegung über, um sich dann plötzlich mit einer ungeheuren Geschwindigkeit zu entfernen, wobei sich seine Farbe von weiß zuerst in rot und anschließend in blau-grün änderte. (29) Insgesamt dauerten die Sichtungen über mehrere Stunden.

Alle nur denkbaren anderen Erklärungen für das Beobachtete, wie eine Verwechslung mit den Planeten Venus oder Merkur, schlichter Betrug, ein übler Scherz, die Anlehnung an den aus Papua-Neuguinea bekannten Cargo-Kult oder die Verwechslung mit einem auf dem offenen Ozean fahrenden Schiff, konnten ausgeräumt werden. (30) Der Fall steht für sich, und wir müssen uns fragen, ob wir aus der »technischen Beschreibung« der unbekannten Flugobjekte, dem Zeitpunkt und dem Ort ihres Auftretens Erkenntnisse gewinnen können, die eine Verbindung zur Dritten Macht möglich erscheinen lassen.

Werfen wir zuerst einen Blick auf die technischen Merkwürdigkeiten der von Pfarrer Gill und den anderen Zeugen beschriebenen UFOs. Bei deren Aufzählung wird jedem, der das Kapitel »Die Evolution des UFO-Phänomens« in meinem ersten Buch gelesen hat, die Übereinstimmung mit spezifischen Merkmalen der von der Dritten Macht entwickelten Flugobjekte aufgefallen sein. Dazu gehören:

- die typische Formgebung einer breiten Unter- und einer sich verjüngenden Oberseite, die grob betrachtet den Eindruck einer Diskusform vermittelt
- der nicht sichtbare Antrieb
- die Geräuschlosigkeit
- das enorme Beschleunigungsvermögen direkt aus der Ruheposition heraus
- die farblichen Veränderungen während des Betriebs
- der blaue Lichtstrahl, auch als Schaft bezeichnet, der an die Solid-light-Strahlen, Lichtstrahlen mit begrenzter Ausdehnung, denken lässt, wie sie auch beim Transport der Abduzierten vom Ort ihrer Entführung ins Fluggerät hinein häufig zum Einsatz gekommen sind; nebenbei bemerkt, als »Suchscheinwerfer« dürfte der im 45-Grad-Winkel nach oben gerichtete Strahl eher nicht gedient haben.

Alle genannten Merkmale deuten darauf hin, dass über Papua-Neuguinea Flugobjekte beobachtet worden sind, die sich nicht von den mit Antigravitationstriebwerken ausgestatteten Fluggeräten der Dritten Macht unterscheiden. Mit einer Ausnahme: der Sichtung mehrerer »Männer« auf einer »Plattform« am oberen Rand des größeren UFOs. Dieses Detail, ansonsten meines Wissens von keiner anderen UFO-Sichtung bekannt, mag befremdend anmuten, zeigt aber auch, mit welcher Unbedenklichkeit die UFO-Insassen Ende der 50er Jahre des letzten Jahrhunderts in dieser abgelegenen Gegend ihre Aufgaben wahrgenommen haben. Entscheidend ist, dass zu keinem Zeitpunkt ihrer Beobachtung diese Wesen von den Augenzeugen anders als normale Menschen angesehen wurden. Während der Phase der größten Annäherung war das UFO bis auf etwa 100 Meter herangekommen, so dass bei der vom Flugobjekt ausgehenden Helligkeit eine Verwechslung mit kleinen, grauen oder irgendwie anders gestalteten potenziellen Außerirdischen ausgeschlossen scheint. (28)

Was könnte die Dritte Macht bewegt haben, im Jahr 1959 über dem damals geografisch noch weitgehend unerschlossenen Papua-Neuguinea eine nachhaltige Präsenz auszuüben? (Abbildung 1) Meinen Stammlesern wird die Antwort auf diese Frage leicht fallen. Nach dem Ende der Ära Peron im Jahr 1955 setzte bei den Verantwortlichen der Dritten Macht das große Nachdenken ein, wohin die Aktivitäten im bislang als sicheres Refugium geltenden Argentinien ausgelagert werden könnten. War das Verhältnis zu der Peron ablösenden Militärjunta die ersten Jahre über anscheinend auch noch weitgehend störungsfrei, so wurde die Suche nach einer Alternative, sollten negative Überraschungen für die Zukunft ausgeschlossen sein, doch unumgänglich. Im Ergebnis dieser Umorientierung kam es im Jahr 1961 im benachbarten Chile schließlich zur Gründung der Colonia Dignidad. Dieser uns neben dem eigentlichen Hauptquartier am Pico Tamacuari bisher bekannte andere Stützpunkt der Dritten Macht war bis 1998 in Betrieb. Aufgrund der erfolgten Änderung der politischen Verhältnisse in Chile wurde diese »Zweigniederlassung« im Zuge einer großen UFO-Sichtungswelle geräumt. (2)

Kritiker werden mir jetzt vorwerfen, wie ich in Anbetracht der sicherlich beeindruckenden, aber sich eben doch nur über zwei Tage erstreckenden Sichtungen über dem Ort Boainai von einer nachhaltigen Präsenz der Dritten Macht über Papua-Neuguinea sprechen kann. Sie übersehen dabei freilich, dass die Beobachtungen des Pfarrers Gill nur einen kleinen Teil einer viel umfangreicheren Serie von Aktivitäten unbekannter Flugobjekte über einem geografisch fest umrissenen Bereich Papua-Neuguineas darstellen. Norman E.G. Crutwell, Geistlicher wie Pfarrer Gill, hat über ein reichliches Jahr insgesamt weitere 76 UFO-Sichtungen über Papua-Neuguinea dokumentiert. (31) In ca. 60 Fällen wurden die UFOs an der Milne Bay über der Cape Vogel genannten Halbinsel sowie in dem sich an der Goodenough Bay direkt aus dem Ozean erhebenden Gebirge, wo sich auch das Dorf Boainai befindet, beobachtet. (Abbildung 2) Zu einer kleineren Konzentration von Sichtungen kam es im Gebiet um Samarai und auf der Insel Sideia, etwa 160 Kilometer weiter östlich.

Wenn die UFO-Sichtungswelle in Chile 1998 mit der Räumung eines Stützpunktes der Dritten Macht einhergegangen ist, dann könnten im Umkehrschluss die gehäuften Aktivitäten der UFOs über Papua-Neuguinea Ende der 50er Jahre des letzten Jahrhunderts ein Hinweis dafür sein, dass die Dritte Macht mit der Installation einer Ausweichmöglichkeit als Ersatz für das verloren gegangene argentinische Refugium begonnen hatte.

Lassen wir zuerst die von Pfarrer Crutwell aufgelisteten UFO-Ereignisse in ihrer zeitlichen Abfolge und ihren Besonderheiten kurz Revue passieren:

Im Februar 1958 wurde über Port Moresby von mehreren Flughafenangestellten die Sichtung eines fremdartigen roten Lichtes gemeldet. Wenn es sich hierbei tatsächlich um ein UFO gehandelt hat, scheint das ein Vorläufer gewesen zu sein, denn zu den nächsten Beobachtungen unbekannter Flugobjekte kam es erst im Juni des betreffenden Jahres. Über der in der Milne Bay gelegenen Insel Sideia bemerkte ein Geistlicher der katholischen Mission ein rundes Objekt in Mondgröße, heller als das Sonnenlicht, ein blaues Licht emittierend, das über fünf Minuten schwebend an einer Stelle verharrte. Ich selben Monat entwickelten die UFOs ihre Aktivitäten auch über der Goodenough Bay. Unter anderem wurden ein weißes Licht, ein weißer Diskus sowie grüne Feuerbälle gesichtet. Gerade letztere sind meinen Lesern ja zur Genüge bekannt. Erinnert sei nur an ihr Auftauchen über den US-Atomforschungsanlagen Ende der 40er Jahre des letzten Jahrhunderts. (2) Ähnlich wie im Fall des Pfarrers Gill erregten in vielen Fällen die plötzlichen Farbwechsel von weiß zu rot und grün die Aufmerksamkeit der Beobachter. Allgemein wurde die Lautlosigkeit der fliegenden Objekte hervorgehoben. Der Höhepunkt dieser UFO-Sichtungswelle ereignete sich in den Monaten Juni bis August 1959. Im Juni und Juli fanden jeweils 14 Beobachtungen statt, gefolgt von 13 im August. Im November 1959 ging die Serie der UFO-Sichtungen über Papua-Neuguinea zu Ende. (31) Auftrag ausgeführt oder in der Sprache der englischen Missionare »Mission accomplished«.

Welcher Auftrag, welche Mission? Darüber hatte sich auch Pfarrer Crutwell den Kopf zerbrochen. Bemerkenswert fand er, dass die Flugobjekte Nacht für Nacht zur gleichen Zeit an denselben Ort zurückgekommen waren. Seiner Meinung nach mussten sie von daher irgendwo über einen Stützpunkt verfügen. »Der Umstand, dass sie oft über den Bergen zum Vorschein kamen, suggeriert das Vorhandensein einer Basis in einem der abgelegenen Gebirgstäler. Dort sollten sie jedoch von den Einheimischen bemerkt worden sein.« (31) Während dem ersten Teil dieser Aussage unbedingt zuzustimmen ist, müsste bezüglich des zweiten Teiles doch gerade der mit den Verhältnissen in Papua-Neuguinea vertraute Crutwell gewusst haben, wie abgelegen und unzugänglich bestimmte Gebirgsregionen auf dieser nach Grönland zweitgrößten Insel der Erde bis heute sind. Die Möglichkeiten zur Tarnung ihrer Stützpunkte durch die UFO-Insassen sind dabei noch nicht einmal in Betracht gezogen.

Auf die Wahrscheinlichkeit der Errichtung einer UFO-Basis an einer anderen, nicht im Gebirge gelegenen Stelle im Umkreis der als Sichtungsschwerpunkte geltenden Regionen an der Milne- bzw. Goodenough-Bay soll später hingewiesen werden.

Vorerst gilt es, der Frage nachzugehen: Warum eigentlich ausgerechnet in Papua-Neuguinea?

Die riesige Insel Neuguinea, von der Papua-Neuguinea nur einen Teil darstellt, ist, was ihre natürlichen Voraussetzungen betrifft, als Rückzugsgebiet und als Operationszone einer im Verborgenen wirkenden Macht bestens geeignet.

Die Fläche Neuguineas beträgt 786.000 Quadratkilometer. Die Insel ist 2.398 Kilometer lang und bis zu 400 Kilometer breit. Sie wird durchzogen von einem etwa 200 Kilometer breiten, verästelten Gebirge, das von steilen Tälern und wenig zugänglichen Ebenen geprägt ist. (Abbildung 1) Einige Berge sind höher als 4.000 Meter, der höchste unter ihnen, die Carstensz-Pyramide, misst 4.884 Meter. Diese Landesnatur – die Abgeschlossenheit vieler Gebiete – begünstigte die isolierte Stammesbildung, wie sie in Neuguinea stattgefunden hat und wie sie in 1.089 verschiedene Sprachen sprechenden einheimischen Bevölkerungsgruppen zum Ausdruck kommt. Nirgendwo sonst auf der Welt existiert, gemessen an der Grundfläche, eine derart große Anzahl verschiedener Sprachen. Die Mehrheit der Bevölkerung spricht als Papua bezeichnete Idiome. Der Westteil der Insel ist als einer der wenigen Teile der Erde noch nicht vollständig kartografiert. Aufgrund oftmals tief hängender Wolken über dem dicht bewaldeten Gebiet, durch welches keinerlei Straßen oder Wege führen, ist dieses Gebiet trotz der Möglichkeiten moderner Satellitentechnologie noch nicht in Atlanten verzeichnet. (32)

Politisch ist die Insel heute unterteilt in den indonesischen Westteil und den im Osten gelegenen unabhängigen Staat Papua-Neuguinea. Was heute nur noch wenige wissen, dieser östliche Landesteil setzt sich zusammen aus einer ehemals britischen und einer deutschen Kolonie. (Abbildung 3) Überrascht?

Der Bankier Adolph von Hansemann hatte bereits 1882 die Südseekolonialgesellschaft Neuguinea-Konsortium gegründet und im August 1884 von Bismarck die Erlaubnis zur Kolonisierung erhalten. Im Jahr 1899 übernahm das Deutsche Reich die Kolonialgebiete von der durch Insolvenz bedrohten Handelsgesellschaft. Die Gesamtfläche Deutsch-Neuguineas betrug ca. 240.000 Quadratkilometer. Zu Beginn des 1. Weltkrieges besetzten australische Truppen die als Kaiser-Wilhelm-Land bezeichnete deutsche Kolonie. Bis 1922 waren die letzten deutschen Siedler vertrieben. (33)

Bei meinen Recherchen auf der Suche nach den irdischen Stützpunkten der Dritten Macht ist mir aufgefallen, dass diese sich vorzugsweise in Gebieten befinden, wo entweder ein nicht unerheblicher deutscher Einfluss besteht – siehe Argentinien und Chile als Länder mit einer zahlenmäßig starken deutschen Volksgruppe oder aber das Gebiet, wie die Region um den Pico Tamacuari, zuvor von deutschen Wissenschaftlern einer systematischen Erforschung unterzogen worden ist. Nun waren deutsche Forscher nach heutiger Kenntnis vor 1942 zwar nicht bis ins Herz der Serra do Tapirapeco vorgedrungen, hatten diesen Gebirgszug über ihre Teilnahme an mehreren Expeditionen aber gewissermaßen eingekreist und wussten um die »weißen Flecken« auf der Landkarte. (1)

So oder ähnlich muss es auch mit Bezug auf die unerforschten Gebiete Neuguineas gewesen sein. In den 30 Jahren, die den Deutschen zur Verfügung standen, hatten diese nichts unversucht gelassen, ihre über weite Strecken unwegsame Kolonie zu erforschen, um sich die vorhandenen natürlichen Ressourcen nutzbar machen zu können. Die ersten Expeditionen nahmen ihren Ausgang von dem Ort Finschhafen, einem Naturhafen, der 1884 von dem Forscher Otto Finsch entdeckt und in dem ein Jahr später die erste deutsche Handelsstation errichtet wurde.

Hier die wichtigsten deutschen Unternehmungen, die der Erforschung des Landes dienten:

1886 – Expedition unter Führung des deutschen Astronomen Carl Schrader unter Beteiligung des Botanikers Hollrung und des Geologen Schneider. Die Aufgabe, das Innere der Insel bis zur englischen Grenze zu erforschen, kann nicht ganz erfüllt werden.

1896 – Expedition unter der Leitung des Biologen und Geografen Dr. Karl Lauterbach. Die deutschen Forscher entdecken, dass das Bismarckgebirge aus kristallinen Gesteinen besteht und die Möglichkeit der Ausbeutung von Goldvorkommen bietet.

1910 – Professor Bernhard Schulze meldet nach Berlin, dass 960 Kilometer des Kaiserin-Augusta-Flusses (heute Sepik genannt) befahren worden sind und der Grenzverlauf zum niederländischen Einflussgebiet (heute der indonesische Teil Neuguineas) geklärt werden konnte.

1912/13 – Diese kurz vor Ausbruch des 1. Weltkrieges stattgefundene, bedeutendste Expedition auf dem Gebiet Deutsch-Neuguineas hatte sich zum Ziel gesetzt, den Kaiserin-Augusta-Fluss, seine Ufer, sein Umland und die angrenzenden Nebenflüsse zu erforschen. Ihr Leiter war der Geologe Dr. Artur Stolle. Teilnehmer der Forschungsreise waren Wissenschaftler verschiedener Fachgebiete, unter anderem der Geograf Walter Behrmann, der Anthropologe Adolf Roesicke, der für die zoologischen Studien verantwortliche Expeditionsarzt J. Bürgers, der Ethnologe Richard Thurnwald und der Ingenieur Schatteburg. Es gelang, innerhalb von fast zwei Jahren die topografischen, hydrografischen und geologischen Verhältnisse eines Gebietes von etwa 40.000 Quadratkilometern zu erforschen. Durch Triangulation, Peilung und photogrammetrische Aufnahmen wurden die Grundlagen für eine kartografische Darstellung des Expeditionsgebietes geschaffen. (34,35)

Fazit: Die Deutschen hatten am Ende ihrer Kolonialzeit auf Neuguinea ein recht detailliertes Bild von den Verhältnissen in ihrem Einflussbereich gewonnen, Kenntnisse, auf denen sich später aufbauen ließ, als es Ende der 50er Jahre des letzten Jahrhunderts notwendig wurde, einen neuen Stützpunkt der Dritten Macht einzurichten. Auf die Frage, wo genau sich dieser befindet, gibt es mehrere mögliche Antworten. Für die von Pfarrer Crutwell ausgesprochene Vermutung, die Basis müsse im gebirgigen Hinterland der Milne- und Goodenough-Bay gelegen sein, spricht einiges … aber, wie gesagt, auch andere Alternativen sind denkbar.

Die erste große UFO-Sichtungswelle über dem Südosten Neuguineas war im Herbst 1959 zu Ende gegangen. Die Existenz eines dauerhaften Stützpunktes der Dritten Macht in diesem Gebiet sollte sich auch in den Folgejahren bemerkbar gemacht haben, zum Beispiel durch eine Häufung von UFO-Aktivitäten, wie sie auch im Umkreis des Hauptquartiers am Pico Tamacuari festgestellt werden konnte. (1)

Der im australischen Disclosure Project engagierten UFO-Forscherin Debbie Payne ist es gemeinsam mit ihren Kollegen gelungen, im Zeitraum zwischen 2003 und 2007 ca. 12.000 Dokumente mit Hinweisen auf UFOs in den Archiven ihres Landes einzusehen. In einem ersten Zwischenbericht aus dem Jahr 2004 ist ein hier im Folgenden auszugsweise zitierter Abschnitt zu lesen, überschrieben mit »Hot Spots, Sightings at Milne Bay, Papua New Guinea«: »Mit das Faszinierendste, das ich bei meiner Reise durch die Archive gefunden habe, betrifft eine Serie von Berichten aus Papua-Neuguinea, besonders aus der Gegend um die Milne Bay. Nach der Anzahl der unbekannte Flugobjekte betreffenden Einträge ist dieses Gebiet nach Woomera bei weitem das am meisten aktive, auf das ich gestoßen bin. (Woomera, zwischen 1947 und 1982 militärisches Testgelände, u.a. für Luft- und Raumfahrtexperimente, die Sichtungshäufigkeit vermeintlicher UFOs hier kann nicht überraschen; der Autor) … Diese Gegend sowie die Inseln des angrenzenden Salomon- und Korallenmeeres sind voll von Berichten über seltsame und erstaunliche Sichtungen. Ich bin der Meinung, dass sich in dieser Region eine Unterwasser-Basis befinden muss, wegen der großen Anzahl von UFO-Sichtungen über einen derart langen Zeitraum und weil der Ozean hier besonders tief ist. Der Meeresgrund in der Nähe der Inseln ist zudem bekannt für seine Unterwasserhöhlen.« (36)

Wieder ein UFO hot spot! Ich möchte daran erinnern, dass sich auch im Amazonas-Gebiet ein solcher befunden hat: Das Testgelände für die vom Pico Tamacuari kommenden Flugobjekte. (1) Die Untersuchungen von Debbie Payne haben nicht nur bestätigt, dass die UFO-Sichtungen über dem Südosten Papua-Neuguineas und dem angrenzenden Ozean bis heute anhalten. Die ungewöhnlich hohe Anzahl hat sie auch zu einer Hypothese veranlasst, die für sich besehen überaus interessant ist und die es verdient, als Alternative zum Lösungsvorschlag Pfarrer Crutwells eingehender untersucht zu werden: UFOs nutzen Unterwasserbasen!

3.2. Unter Wasser ist genug Platz!

Da 71% der Erdoberfläche von Meeren bedeckt sind, kommt der Überlegung, dass die Dritte Macht die Ozeane als Rückzugsgebiet für sich entdeckt haben könnte, eine gewisse Plausibilität zu. Aus Unidentified Flying Objects (UFOs) werden dann Unidentified Submerged Objects (USOs).

Aber gibt es diese «Underwater UFOs«, Flugobjekte, die sich auch unter Wasser fortbewegen können, tatsächlich? Einen ersten Hinweis auf deren Existenz hatte ich erhalten, als ich für mein Buchprojekt »Götterwagen und Flugscheiben« den Verlauf und die Auswirkungen des »UFO-Terrors« in Amazonien recherchierte: »Die nackten Tatsachen: Die Welle von 1977 war nicht zu leugnen. Sie begann im Juni in der Nähe von Cape Gurupi, nördlich der Stadt Vizeu und breitete sich dann in beiden Richtungen entlang der Küste aus ...; der Höhepunkt kam dann im September und Oktober. Der Grund dafür, dass sich das Phänomen nicht leugnen ließ, war sehr einfach: Die UFOs erschienen, vom Norden kommend, jeden Abend. Manchmal stießen sie vom Himmel herab, **manchmal tauchten sie aus dem Meer auf. Ich sah ein Foto eines Objekts in einem leuchtenden weißen Ring, das in der Dämmerung aus dem Brackwasser stieg.«** (37)

Und selbst die Untersuchungsgruppe des brasilianischen Militärs machte auf diesen Umstand aufmerksam: »Während dieses »Operacao Prato« (deutsch: Operation Teller) genannten Einsatzes sahen die Militärs selbst viele Male UFOs. Es entstanden einige hundert Fotografien sowie viele Stunden Filmaufnahmen. Einige dieser Szenen zeigen, so wird berichtet, wie **UFOs in die Gewässer in der Nähe der Marajo Bay ein- bzw. auch wieder aus dem Wasser auftauchten**.« (38)

Bekannt war mir auch der spektakuläre UFO-Entführungsfall der Linda Cortile, der von dem bekannten und angesehenen Entführungsforscher Budd Hopkins untersucht worden ist. »Bei diesem Fall … **hatte das UFO**, in dem sie festgehalten wurde, **anscheinend eine Weile unter Wasser Station gemacht**. Durch ein großes Fenster hatte sie das trübe Bett eines Flusses ausmachen können …« Diese unter regressiver Hypnose gewonnene Aussage wurde später bestätigt durch den Bericht zweier unabhängiger Augenzeugen des Entführungserlebnisses: »Als es (das UFO; der Autor) über uns hinwegflog, spürte ich, wie sich die Haare auf meinem Kopf, an den Armen und Beinen sträubten, und das kam nicht davon, dass ich Angst hatte. Die statische Aufladung war unglaublich und die Luftelektrizität enorm hoch. **Als es** mit Linda hinter der Brooklyn Bridge **in den Fluss stürzte**, war ich wütend und hilflos wie noch nie in meinem Leben. Wir warteten eine Weile, aber das Objekt kam nicht mehr nach oben. Ich weiß nicht, was passierte, nachdem es dort gelandet war. **Es konnte unter Wasser ja sonst wohin gelangen**.« (39)

So richtig die Augen darüber geöffnet, welche enge Verbindung die UFOs mit dem Element Wasser hin und wieder eingehen, hat mir erst das Buch von Carl W. Feindt »UFOs and WATER«. (40) Dieser Autor hatte bis zum Februar 2009 in seiner Datenbasis 1.165 Augenzeugenberichte zusammengetragen, die das maritime Verhalten der unbekannten Flugobjekte dokumentieren, darunter auch viele Fälle, in denen diese ins Wasser tauchen bzw. wieder aus dem Wasser emporsteigen. (41)

Dass auch für solche Flugobjekte, die anscheinend nicht wassertauglich ausgelegt sind, eine Möglichkeit existiert, Personen und Frachtgüter in potenzielle Unterwasserbasen zu befördern, darüber kann in einem Bericht des UFO-Entführungsopfers Katharina Wilson nachgelesen werden. Diese hat mit der Wiedergabe ihrer Erlebnisse nicht nur die massive Verwicklung von Menschen in die UFO-Entführungen bestätigt, sondern uns auch über den Ort, an den die Entführten oft gebracht worden sind, in Kenntnis gesetzt: riesige unterirdische Anlagen.

Bevor ich zum eigentlichen Thema dieses Abschnittes zurückkehre, möchte ich aus Katharinas erstem Buch zwei interessante Passagen zitieren. Die eine schildert die Begegnung mit einem »Hybridmädchen«: »Ich sehe ein Mädchen, das etwa neunzig Zentimeter bis ein Meter zwanzig groß ist … Sie kommuniziert telepathisch mit mir (scheinbar auch eine Fähigkeit des von der Dritten Macht geschaffenen neuen Menschen; der Autor) … Sie hat weißes Haar, aber es ist zu wenig, um ihren ganzen Kopf bedecken zu können. Ihr Haar ist sehr dünn. Ich fühle mich gezwungen, deutsch mit ihr zu sprechen – ich spreche deutsch mit ihr – das kann ich nicht – mein Deutsch ist nicht gut genug. Mein kläglicher Versuch, mit ihr zu sprechen, ist mir peinlich.« An anderer Stelle ist Folgendes über einen »Alien« zu lesen: »Oh – mir wurde gerade gesagt, er sei aus Deutschland gekommen, um mich zu besuchen.« (42) In meinem ersten Buch bin ich ausführlich auf das UFO-Entführungsphänomen eingegangen und habe meine Leser über die meiner Meinung nach zweifelsfreie Urheberschaft der Dritten Macht informiert. Die Erlebnisse der Katharina Wilson sind ein zusätzliches Indiz dafür.

Was berichtet Katharina Wilson über den – wie ich ihn nennen möchte – Unterwasserzubringer: »Ich bemerkte, dass wir in einen Schwebezustand übergingen und uns für die Landung auf einem riesigen Objekt mitten im Meer bereit machten. Zu dieser Zeit lebte ich in Oregon, und ich nahm an, es sei auf dem Pazifik, aber wer weiß schon, wohin wir wirklich geflogen waren ... Es schien sich um ein gewaltiges Wasserfahrzeug zu handeln, von dem ich, sofern es nicht gänzlich flach war, nur den oberen Teil sehen konnte.« (40)

Die mit den als UFOs bezeichneten Flugscheiben in der Luft erreichte Überlegenheit der Dritten Macht findet ihr Pendant unter der Wasseroberfläche. Genauso wie sich eine Linie ziehen lässt von den Entwicklungen der Schriever, Miethe, Habermohl, Schauberger und den Konstrukteuren der »Glocke« zu den »Fliegenden Untertassen« der Zeit nach 1945, waren den gesichteten USOs von heute noch vor dem Ende des 2. Weltkrieges entwickelte Technologien für die Fortbewegung unter Wasser vorausgegangen, denen die Alliierten damals nichts Gleichwertiges entgegenzusetzen vermochten. Beispiele hierfür sind die als Elektroboote bezeichneten U-Boote vom Typ »XXI«, die 80 bis 100 Stunden unter Wasser fahren konnten, ohne auftauchen zu müssen – und das mit Geschwindigkeiten von bis zu 17,5 Seemeilen pro Stunde. Im Vergleich zur Höchstgeschwindigkeit der anderen U-Boote jener Zeit von bis zu acht Seemeilen in der Stunde ist der erreichte Fortschritt nur als technische Revolution zu bezeichnen.

Bis Kriegsende fertig gestellt werden konnten auch einige der so genannten »Walther«-Unterseeboote. Diese funktionierten während der Unterwasserfahrt auf der Grundlage der von Prof. Walther entwickelten Flüssigkeitstriebwerke. Um vom Sauerstoff der Luft gänzlich unabhängig zu sein, führten die Boote den Sauerstoff in einem flüssigen Sauerstoffträger, zum Beispiel Wasserstoffsuperoxyd, mit sich. Bedingt durch einen technischen Kreislaufprozess konnten die »Walther«-U-Boote damit noch länger unter Wasser bleiben. Mit den projektierten zwei »Walther«-Turbinen von je 7500 PS erhöhte sich die Geschwindigkeit auf bis zu 25 Seemeilen in der Stunde! Alle im Betrieb und im Bau befindlichen Boote wurden angeblich noch vor Kriegsende zerstört. Erst neun Jahre nach Beendigung des Krieges gelang es den Briten, ein »Walther«-U-Boot nachzubauen, was die unerhörte Überlegenheit der deutschen Entwickler gegenüber ihren Konkurrenten unterstreicht. (2)

Auch an Atom-U-Booten wurde noch vor dem Ende des Krieges gearbeitet. So berichtete der Raketenforscher Krafft von Ehricke, dass ihm der Antriebsspezialist Dr. Thiel bereits im November 1942 einige Geheimberichte überreicht habe. In diesen Unterlagen sei auch der Entwurf für eine nukleargetriebene Dampfturbine enthalten gewesen. Die militärische Anwendung eines Reaktors zum U-Boot-Antrieb wurde damals als vordringlich eingeschätzt. Im Nachlass eines deutschen Admirals im Bundesarchiv fand sich ein Dokument an die Reichspostforschungsanstalt aus dem Jahr 1944, das den Bau von sechs deutschen Atom-U-Booten anordnete. (43)

Was jetzt noch fehlt, sind Entwürfe für Entwicklungen, die eine Verbindung zwischen dem Medium Wasser und dem der Luft herstellen und letztendlich zum »Fliegenden U-Boot« führen sollten. Und tatsächlich: Ein Ingenieurbüro Glückauf hatte solche auf seinen Reißbrettern! Die Konstruktionsunterlagen sind seit dem Krieg verschollen. (43) Dass diese von den Alliierten nicht erbeutet worden sein können, ist durch das Scheitern sämtlicher diesbezüglicher Projekte nach 1945 erwiesen. (44)

Die Unterwasser-Aktivitäten der Dritten Macht begannen im Grunde genommen bereits mit der in den letzten Monaten des Krieges eingeleiteten Absetzbewegung, mit deren Hilfe hochrangige Spezialisten und Hochtechnologie von Deutschland ins neutrale Ausland verbracht werden sollten. In meinen beiden anderen Büchern hatte ich verschiedentlich auf einen Bericht aus den Akten des Projektes »Lusty«, einem Geheimprojekt der amerikanischen Luftwaffe, hingewiesen, der sich mit einer dieser Evakuierungsoperationen beschäftigt. Demnach stachen kurz vor Kriegsende zehn mit den neuesten Errungenschaften der deutschen Kriegstechnik beladene U-Boote in See, von denen nach einem Bericht sechs, nach einem anderen fünf im Rahmen einer großen Suchaktion durch die alliierten Seestreitkräfte aufgebracht werden konnten. (2,45)

In »Die Zukunft hat längst begonnen« hatte ich den Versuch unternommen, soweit das eben möglich war, eine Auflistung der wahrscheinlich in diese Aktion involvierten U-Boote vorzunehmen. Da aufgrund neuer Erkenntnisse in die späteren Ausgaben eine überarbeitete Version aufgenommen worden ist, möchte ich diese den Lesern der ersten Fassung nicht vorenthalten:

Boot 1: U 234 lief am 16. April 1945 aus dem norwegischen Hafen Kristiansand mit Ziel Japan aus. Außer der Mannschaft waren auch drei Japaner, sieben deutsche Spezialisten für verschiedene Militärtechnik, ein Militärrichter, der neue deutsche Militärattaché für Tokio sowie zwei Experten der Firma Messerschmidt an Bord. U-Boot-Kapitän Johann Fehler ignorierte vorerst den Befehl von Großadmiral Dönitz zur bedingungslosen Übergabe der U-Boote an die Alliierten. Erst nachdem ihm zur Kenntnis gelangt war, dass Japan nach dem 8. Mai alle Vereinbarungen mit dem Deutschen Reich annulliert hatte, lief er am 19. Mai in den Hafen von Portsmouth an der Ostküste der Vereinigten Staaten ein. Die Amerikaner entdeckten auf dem Boot neben 56 kg Uraniumoxid (andere Quellen sprechen von 560 kg) unter anderem auch Pläne und Muster verschiedener hoch entwickelter Waffensysteme sowie vor allem über 24 Tonnen Quecksilber. Mit all dem sollte der Verbündete Japan in die Lage versetzt werden, den Krieg erfolgreich fortzuführen.

Boot 2: Hierbei könnte es sich um U 963 gehandelt haben, das am 20. Mai 1945 von seiner Besatzung vor der Küste Portugals versenkt wurde.

Boot 3: Am 4. Juni 1945 teilte die britische Admiralität mit, dass sich die aus 47 Männern bestehende Besatzung eines deutschen U-Bootes nach der Selbstversenkung ihres schwer beschädigten U-Bootes, gegenüber von Leixoes, der portugiesischen Autorität zur Verfügung gestellt habe.

Boot 4 und 5: In diesen Fällen bleibt unklar, um welche Boote es sich genau gehandelt hat. Da mit Ausnahme von U 234 sich nach offizieller Darstellung kein anderes U-Boot mit seiner hochbrisanten Fracht den Alliierten ergeben hat, steht zu vermuten, dass die fraglichen Boote entweder im Kampf vernichtet worden sind oder sich selbst versenkt haben.

Die nachfolgenden fünf U-Boote erreichten dagegen ihr Zielgebiet und konnten ihre Ladung an den Küsten Argentiniens löschen:

Boot 6: U 530 ergab sich am 10. Juli 1945 den argentinischen Behörden.

Boot 7: U 977 wurde am 17. August 1945 den Argentiniern übergeben.

Boote 8 und 9: Nach den Aussagen zweier in Argentinien lebender Besatzungsmitglieder des 1939 im Rio de la Plata selbst versenkten deutschen Panzerschiffes »Graf Spee« wurden am 28. und 29. Juli 1945 an der Küste Patagoniens zwei U-Boote entladen. Acht große LKW transportierten die Fracht weiter ins Landesinnere. Außerdem verließen 80 Männer die U-Boote. Aus deren Verhalten schlussfolgerten die Seeleute, dass es sich bei ihnen um bedeutende Persönlichkeiten handeln musste. (45) Die beiden U-Boote haben sich anscheinend nach dem Löschen ihrer Ladung selbst versenkt. Im Süden Argentiniens, im Golf von San Matias, befindet sich eine Caleta de los Loros genannte Bucht. (Abb. 4) Im Jahr 1956 sichtete dort der Pilot Mario Chironi während eines Überfluges die Konturen von etwas, das er als versunkenes Schiff identifizierte. Später kam ihm zu Ohren, dass es sich dabei um ein versunkenes deutsches U-Boot handeln könnte. Der für die Marine Argentiniens arbeitende Experte für die Bergung gesunkener Schiffe, Carlos Massey, bestätigte die Gerüchte: »Eines Tages, Ende August 1978, bekam ich während einer Zusammenkunft auf dem Marinestützpunkt zu erfahren, dass am Ende des Krieges zwei deutsche U-Boote vor unserer Küste gesunken waren. Die Marine verfügte über Details zu ihrer Lage, weil vor einigen Jahren ein Flugzeug den Ort überflogen hatte. Sie lagen in ca. 15 Meter Tiefe, einige hundert Meter vom Strand entfernt parallel zueinander auf dem Meeresgrund.« Im Oktober 1991 entdeckte der Tierarzt und Fotograf Eduardo Frias während eines Überfluges bei ungewöhnlich niedrigem Wasserstand die Silhouetten von zwei auf dem Meeresgrund liegenden U-Booten und konnte sie auf einem Foto festhalten. (Abb. 5) Die Aufnahme bestätigt auf beeindruckende Art und Weise die Aussage des Bergungsspezialisten. (45, 46) Über an dieser Stelle versenkte argentinische U-Boote ist dagegen nichts bekannt. Mehrere Expeditionen haben in den 90er Jahren des letzten Jahrhunderts versucht, die Überreste der U-Boote zu orten. Erschwert wurden diese Vorhaben durch die für die Region typischen Sandmassen, welche in Küstennähe durch die Kraft der Gezeiten dem Meeresboden fortdauernd ein anderes Aussehen geben. Im Februar 1998 war den Bemühungen endlich Erfolg beschieden. Mit einem Protonenmagnetometer konnten an zwei ca. 500 Meter voneinander entfernten Stellen, von dicken Sandschichten bedeckte, metallische Objekte geortet werden. (45) Ein ernsthaftes Interesse Argentiniens an weiteren Nachforschungen besteht anscheinend nicht. Der Grund für diese Verweigerungshaltung dürfte leicht zu durchschauen sein.

Boot 10: Der Verbleib dieses Bootes konnte bisher nicht ermittelt werden. Wahrscheinlich handelt es sich dabei um das U-Boot, welches am 25. September 1946 in die Schlagzeilen der französischen Zeitung »France Soir« geraten ist. Demnach wäre der isländische Walfänger »Juliana«, der sich zwischen den Malvinas (heute Falklandinseln) und der Antarktis befunden habe, von einem deutschen Unterseeboot angehalten und zur Herausgabe von Teilen seines Proviants gezwungen worden. Erläuternd gab die Zeitung ihrer Überzeugung Ausdruck, »dass die Gerüchte über U-Boote der deutschen Kriegsmarine in den Gewässern Feuerlands sowie in der antarktischen Zone auf Wahrheit beruhen«.

Nach diesem medienwirksamen Ereignis hörte man viele Jahre nichts mehr von den deutschen U-Booten an den Küsten Argentiniens. Die guten Beziehungen zwischen der Dritten Macht und der Regierung unter General Peron verhinderten von vornherein mögliche Konflikte zwischen der Marine des »Gastlandes« und den in ihrem Hoheitsgebiet operierenden fremden Unterwasserstreitkräften. Nur wenige Jahre nach Perons Sturz im Jahr 1955 und nahezu zeitgleich mit den Bemühungen der Dritten Macht um die Eröffnung neuer Stützpunkte als Ersatz für das argentinische Refugium sollte sich dieser friedliche Zustand abrupt ändern.

Ort des Geschehens war der lediglich durch eine schmale Landzunge vom Golf San Matias getrennte Golf San Nuevo. (Abb. 4) Am 23. Mai 1958 verkündete der Präsident Argentiniens Arturo Frondizi, Zerstörer der Kriegsmarine hätten am 21. Mai bei einer Routineübung verdächtige Unterwassergeräusche geortet, die einem sich mit hoher Geschwindigkeit fortbewegenden U-Boot zugeordnet werden konnten. Auch optisch war das U-Boot durch die Entdeckung seines Periskops und eines Schnorchels wahrgenommen worden. Die angeforderte Verstärkung, bestehend aus drei Kreuzern, vier Zerstörern, einigen anderen Schiffen und 20 Flugzeugen, darunter auch Bombern, versuchte unter Einsatz aller ihrer Waffen, das fremde Unterseeboot zu stoppen. Einige Berichte suggerierten, dass »das U-Boot einem Typ entsprach, wie es von Deutschland im 2. Weltkrieg zum Einsatz gebracht worden war«, wenngleich die Kommandierenden der Marineeinsatzkräfte den Eindruck hatten, »dass es viel weiter entwickelt gewesen sein muss«. Erst mehr als zwei Wochen später, am 10. Juni 1958, war das Versteckspiel zu Ende. »Der Eindringling hatte den Golf mit hoher Geschwindigkeit verlassen; er war dabei schneller als jemals zuvor in den letzten 17 Tagen.« (47,48)

Im Oktober 1959 wiederholte sich das Geschehen in nahezu gleicher Weise. Die Zeitschrift »Blanco y Negro« aus Madrid berichtete darüber. Ein im Golf San Nuevo entdecktes U-Boot hätte demnach über fünf Tage die argentinische Marine in Atem gehalten. Die Bemühungen, es zu stellen, waren erneut vergeblich. (47, 48)

Anfang 1960 begannen sich die Ereignisse zu überschlagen. Am 31. Januar ortete das Sonar eines Torpedobootes ein unidentifiziertes U-Boot in 90 Fuß Tiefe. In den nächsten Tagen wurden über dem Operationsgebiet mehrere Schiffe zusammengezogen. Ein Entkommen des U-Bootes schien unmöglich zu sein, war der Zugang zum Golf doch weiträumig vermint worden. Zusätzlich hatten Flugzeuge Wasserbomben abgeworfen. Über mehrere Tage und Nächte dauerten die Attacken an. Immer mehr Schiffe wurden zum Einsatzort befohlen. Trotzdem konnte das U-Boot am 10. Februar immer noch akustisch wahrgenommen werden. Seinen genauen Aufenthaltsort zu bestimmen, gelang jedoch nicht. Wie zum Hohn kreuzte an diesem Tag ein zweites unbekanntes U-Boot in unmittelbarer Nähe auf. Die Zeitschrift »La Nacion« gab die Aussage militärischer Stellen wieder, wonach »das Profil des U-Bootes dem des deutschen Typs ›XXI‹ sehr ähnlich sei«. Es hätte eine große Manövrierfähigkeit und würde eine Geschwindigkeit von 16 Seemeilen in der Stunde erreichen. In der Zwischenzeit hatte die argentinische Marine Verstärkung durch Spezialisten für U-Boot-Abwehr aus den USA erhalten, die mit wirksameren Waffen, so unter anderem mit Wasserbomben größerer Tiefenwirkung, weitere Versuche zur Zerstörung des im Golf eingeschlossenen U-Bootes unternahmen. Auch an der diplomatischen Front hatte es Bemühungen gegeben. Die Regierung Argentiniens fragte bei 26 Nationen an, darunter auch die Sowjetunion, ob sie die betreffenden U-Boote entsandt hätten. Wie zu erwarten, fielen die Antworten gleichlautend aus. Niemand wollte mit den Ereignissen etwas zu tun haben. Nach den auch die nächsten zwei Wochen unablässig andauernden Bemühungen, der Eindringlinge endlich habhaft zu werden, musste die Marine Argentiniens am 23. Februar 1963 ihr Scheitern eingestehen. Die U-Boote unbekannter Herkunft waren entkommen. (47,48)

Es spricht alles dafür, dass es sich bei den zwei U-Booten um solche der Dritten Macht gehandelt hat, die unweit ihrer Operationsbasis vielleicht absichtlich ihrem ehemaligen Verbündeten eine Lektion erteilen wollten. Die Existenz eines zweiten 1960 noch funktionstüchtigen U-Bootes lässt nur die eine Schlussfolgerung zu: Unabhängig von der in den »Lusty«-Akten verzeichneten Evakuierungsaktion hat im Rahmen der Absetzbewegung noch mindestens ein weiteres U-Boot den »sicheren Hafen« auf der anderen Seite des Atlantiks erreicht.

Wo lag die Operationsbasis der U-Boote der Dritten Macht? Deren mehrfach bestätigte Präsenz in der Nähe der Küsten Feuerlands, ganz im Süden Argentiniens, könnte der Neuschwabenland-Theorie wieder neuen Auftrieb verleihen. Mit guten Argumenten hatte ich in »Die Zukunft hat längst begonnen« die Hypothese von einem Stützpunkt der Dritten Macht auf dem antarktischen Kontinent ins Reich der Phantasie verbannt. Davon ist nichts zurückzunehmen. Eine andere Lösung bietet sich an.

Auch Igor Witkowski, dem wir die Informationen über das Projekt »Die Glocke« sowie viele Hinweise zur Absetzbewegung verdanken, hat eine Verbindung zur Antarktis immer als phantasievolle Ausschweifung abgetan, die von den Fakten nicht gedeckt ist. In den Dokumenten der polnischen Geheimdienste ließ sich lediglich eine Aussage, die eines in der Nachkriegszeit verhafteten deutschen Kuriers, finden, deren Inhalt eine Interpretation in dieser Richtung zugelassen hätte: »Was er allein wusste, dass die Sachen an einen Ort weit im Süden evakuiert worden waren. Er kam aus Uruguay, so dass man annehmen kann, er meinte damit Südamerika oder Land noch weiter südlich davon. Er nannte lediglich einen geografischen Begriff: Eborus.« (19, 23) Dieses Wort wird man in den Atlanten vergeblich suchen. Wahrscheinlich handelt es sich dabei um eine Tarnbezeichnung. Ein Bekannter Witkowskis, der namhafte argentinische Journalist Abel Basti, der ihn bei seinen Nachforschungen unterstützte, hatte von dem Sohn eines an der Absetzbewegung beteiligten deutschen Offiziers Folgendes erfahren: »Eborus (korrekte Schreibweise, statt Aborus im zitierten Interview) existierte tatsächlich, und es war die Basis für die Unterseeboote in Argentinien. Die andere Sache war die, dass sein Vater nach dem Krieg für eine kurze Zeit, für ein halbes Jahr, in der Antarktis Dienst getan hatte.« (23) Abel Basti teilte darüber hinaus mit, dass unter dem Begriff die Errichtung von Mini-Basen für U-Boote gemeint gewesen sei, dass aber nur eine dieser Basen zur Aufnahme zweier U-Boote tatsächlich errichtet wurde. (45) Das erklärt, warum 1960 nur noch zwei U-Boote der Dritten Macht an den Küsten Südamerikas operierten und die anderen versenkt werden mussten.

Igor Witkowski verweist als Alternative zur Antarktis auf die Inseln, die sich zwischen Südamerika und dem eigentlichen antarktischen Kontinent befinden. Ich bin der Meinung, dass er mit dieser Vermutung richtig liegt.

Aufgrund ihrer Abgelegenheit und Unwirtlichkeit scheinen sich für einen U-Boot-Stützpunkt die Südlichen Shetlandinseln sowie die Südlichen Orkneyinseln besonders gut zu eignen, zumal die klimatischen Verhältnisse dort in keiner Weise mit der absolut lebensfeindlichen Umwelt des antarktischen Festlandes zu vergleichen sind. Die Südlichen Shetlandinseln bestehen aus einer Gruppe von elf größeren und mehreren kleineren Inseln, die sich über 500 Kilometer erstrecken. Vom antarktischen Kontinent sind sie durch eine 150 Kilometer breite Meeresstraße getrennt. Die Temperaturen im Winter liegen im Durchschnitt nur bei -10 Grad, im Sommer werden bis zu 3 Grad erreicht. (49) Ähnlich liegen die klimatischen Verhältnisse auf den Südlichen Orkneyinseln. Das Meer ist hier nur in den Monaten Juni bis November mit Eis bedeckt. Davon abgesehen, dürfte in den anderen Monaten auch das Packeis die U-Boote der Dritten Macht nicht gehindert haben, ihre Basis anzusteuern. (50) Argentinien betrachtet seit 1946 diese Inselgruppen als seinem Antarktisterritorium zugehörig und unterhält Forschungsstationen auf einigen der Inseln. Der Anspruch Argentiniens wird jedoch bis heute von der internationalen Staatengemeinschaft nicht anerkannt. Der Antarktisvertrag von 1961 hatte allen Streitigkeiten über Gebietsansprüche vorerst Einhalt geboten und gewährt allen interessierten Nationen freien Zugang für Forschungszwecke. (51) Damit kommt einer Lokalisierung der U-Boot-Basis Eborus auf einer der Inseln eine erhöhte Wahrscheinlichkeit zu, haben sich doch die erteilten geografischen Hinweise bestätigt: Das Gebiet liegt in der antarktischen Zone und gehört zu Argentinien bzw. wird von diesem beansprucht.

Dass die Fähigkeiten der Dritten Macht zum Bau großer, unterirdisch angelegter Basen für Unterseeboote außer Frage stehen, dafür geben unter anderem die im 2. Weltkrieg errichteten U-Boot-Bunker an der Atlantikküste in Brest, St. Nazaire und Lorient ein gutes Beispiel ab. (52)

Die Frage, ob Eborus heute noch als U-Boot-Basis genutzt wird, kann natürlich nicht mit letzter Sicherheit beantwortet werden. Aus meiner Sicht ist das eher unwahrscheinlich. Die zwei, nach 1945 noch betriebenen U-Boote der Dritten Macht waren spätestens Mitte der 60er Jahre des letzten Jahrhunderts veraltet. Eine Fertigung ähnlich großer, neuer Boote wäre wirtschaftlich wenig effizient gewesen, zumal der nächste Entwicklungsschritt längst vollzogen war: Eine Kombination aus Flugobjekt und Tauchboot – kurz USO genannt.

Dass eine der dem antarktischen Festland vorgelagerten Inseln der Dritten Macht später auch als Stützpunkt für fliegende Objekte gedient hat, dafür spricht unter anderem die UFO-Sichtungswelle von Deception Island, einer der Südlichen Shetlandinseln, aus dem Jahr 1965. Zwischen dem 7. Juni und Anfang Juli konnten hier in sieben Fällen unbekannte Flugobjekte beobachtet werden, gefolgt von einer achten Sichtung im August über dem argentinischen Stützpunkt auf den Südlichen Orkneyinseln. Der spektakulärste Zwischenfall ereignete sich am 3. Juli. Eine Veröffentlichung der argentinischen Marine brachte der erstaunten Öffentlichkeit Folgendes zur Kenntnis: »Leutnant Perissé, der Stützpunktkommandant, bestätigte … dass das gesamte Stützpunktpersonal ein extrem leuchtendes Objekt beobachten konnte, das sich, seine Geschwindigkeit variierend, nordwärts bewegte, manchmal schwebend, dann wieder plötzlich beschleunigend und seine Richtung ändernd … Insgesamt beobachteten 17 Personen den Vorfall, darunter auch drei chilenische Offiziere, die auf der Basis weilten.« Die chilenische Luftwaffe bestätigte ihrerseits die Sichtung durch neun Augenzeugen auch von ihrem Stützpunkt aus. Leutnant Perissé beschrieb später das Flugobjekt der Form nach als einem Rugbyball ähnlich mit einer Größe von 75 bis 90 Meter, das in der Mitte rot geleuchtet, an den Rändern jedoch die Farbe gewechselt habe. Während des Überfluges hätten zwei Magnetometer eine Veränderung des Magnetfeldes angezeigt. In einer später einberufenen Pressekonferenz erklärte der Direktor des Navy UFO Project, Captain Pagani, dass UFOs existieren und deren Präsenz und intelligentes Verhalten im Luftraum Argentiniens erwiesen sei. (53,54)

Eine Verbindung zwischen einem für Tauchfahrten geeigneten UFO und einer Unterwasserbasis, die sich in der vermuteten Region befindet, kann auch dem Bericht der Betty Andreasson entnommen werden. Diese ist eines der prominentesten UFO-Entführungsopfer, deren Fall besonders gründlich untersucht und dokumentiert werden konnte. Wir verdanken ihr entscheidende Hinweise auf die »Blonden« als bestimmende Kraft hinter dem UFO-Entführungs-Phänomen, auf die Rolle der grauen »Aliens« in ihrer Funktion als dienende KYBORGS sowie auf die Existenz eines Stützpunktes der Dritten Macht auf dem Planeten Mars. (2) Während einer ihrer Entführungen tauchte das UFO ins Wasser, wurde also zum USO. Unter regressiver Hypnose zum Ort befragt, an dem das Wasser wieder verlassen wurde, verblüffte sie mit folgender Aussage: »Nein, es ist ein großer, großer – sieht aus wie eine große Höhle oder Tunnel aus Eis mit Eiszapfen überall, aber da ist ein Licht ringsherum.« (40) Die Basis der USOs kann demnach in sehr kalten Gewässern lokalisiert werden.

Alle hier aufgeführten Tatsachen im Zusammenhang gesehen, scheint mir die Existenz einer von der Dritten Macht betriebenen UFO-Unterwasserbasis im Untergrund einer der vor der Südküste Argentiniens gelegenen Inseln eine unbestreitbare Tatsache zu sein. Mit dieser Meinung stehe ich nicht allein. Schon im Jahr 1978 erschien im »MUFON UFO Journal« ein Beitrag mit dem Titel »Are UFOs operating from underwater bases off the coast of Argentina?«, in dem mehrere UFO-Sichtungen aus der Zeit zwischen Juni 1960 und 1978 ausführlich dokumentiert worden sind. Die von den Zeugen überwiegend im südlichen Landesteil Argentiniens beobachteten UFOs waren nahezu ohne Ausnahme in der Lage, das Medium, in dem sie sich fortbewegten, zu wechseln: Von der Luft ins Wasser und umgekehrt. Der entscheidende Satz im genannten Beitrag lautet: »Die UFO-Organisationen in Argentinien halten die Existenz einer UFO-Unterwasserbasis vor der Küste ihres Landes für möglich, weil in dieser Region kontinuierlich über viele Jahre gleichlautende Beobachtungen stattgefunden haben.« (55) Dem ist nichts hinzuzufügen.

Zurück zum Forschungsbericht der Debbie Payne, der von mir zum Anlass genommen wurde, nach zusätzlichen Hinweisen für das Vorhandensein von UFO-Unterwasserbasen zu suchen. Existieren für ihre Vermutung, dass sich vor der Küste Neuguineas eine solche Basis befindet, Bestätigungen auch aus anderer Quelle? Unterhält die Dritte Macht tatsächlich noch einen weiteren Stützpunkt auf dem Meeresgrund? Debbie Payne hatte geschrieben: »Diese Gegend sowie die Inseln des angrenzenden Salomon- und Korallenmeeres sind voll von Berichten über seltsame und erstaunliche Sichtungen.« Richten wir unseren Blick im Folgenden von der Südostküste Neuguineas aus gesehen weiter in Richtung Osten. Nach etwa 800 Kilometer Luftlinie stoßen wir mitten im Salomonmeer auf die gleichnamige Inselgruppe. (Abbildung 6)

Seit mehreren Jahren dringen von den Salomon-Inseln seltsame Nachrichten zu uns herüber. Da ist die Rede von der Existenz mehrerer Eingänge in unterirdische UFO-Basen auf den Inseln Guadalcanal, Malaita und Makira und über häufige UFO-Sichtungen auf der politisch zu Papua-Neuguinea gehörenden nördlichen Salomon-Insel Bougainville. (56, 57, 58) Für unsere Betrachtung ist interessant, dass neben Bougainville auch die Insel Guadalcanal zum ehemaligen deutschen Kolonialbesitz gehört. Letztere wurde allerdings schon 1898 im Austausch gegen Teile Samoas an die Briten übergeben. Aufgrund der von dichtem Dschungel bedeckten Berge im Innern sind die meis-ten Inseln nur schwer zugänglich.

Berichtet wird von unterirdischen Passagen, die von den UFOs durchflogen werden. Die Eingänge dazu befinden sich scheinbar ausnahmslos in im Bergland gelegenen Seen, in die die unbekannten Flugobjekte hineintauchen bzw. in einem Fall auch im Meer, unmittelbar in

Küstennähe inmitten eines Riffs. Da die Inseln vulkanischen Ursprungs sind, ist es denkbar, dass vorhandene vulkanische Röhren von den Insassen der UFOs zu großen Höhlen erweitert worden sind und bis tief hinab ins Erdinnere reichen. Einiges deutet auch auf eine mögliche Verbindung der einzelnen Passagen zwischen den genannten Inseln hin.

Berichtet wird über uns bekannte UFO-Typen, sowohl einerseits von »Feuerbällen«, als auch von dreiecksförmigen Fluggeräten. Die unheimlichen Okkupanten werden für einige Verletzungs- und auch Todesfälle unter den Einwohnern der Inseln verantwortlich gemacht, was stark an den »UFO-Terror« im Umfeld des Pico Tamacuari erinnert. Erste Meldungen über die UFO-Aktivitäten auf den Salomon-Inseln wären in den Jahren 1958 bis 1960 über einen englischen Geologen nach außen gedrungen. Dieser Zeitraum deckt sich mit dem der UFO-Sichtungswelle über Papua-Neuguinea. Irgend etwas ist damals in dieser Region geschehen. Die Häufigkeit von UFO-Beobachtungen über beiden Gebieten auch heute noch bedeutet, dass hier entweder zwei verschiedene unterseeische Stützpunkte der Dritten Macht existieren oder aber ein riesiges zusammenhängendes System. Aufklärung darüber können nur weitere Nachforschungen erbringen.

Das UFO-Phänomen konnte durch das der USOs ergänzt werden. Die Unterwasserbasen der Dritten Macht südlich der Küsten Argentiniens sowie zwischen Papua-Neuguinea und den Salomon-Inseln beweisen die Aussage, die als Überschrift für diesen Abschnitt gewählt worden ist: Unter Wasser ist genug Platz!

3.3. Nullpunkt bedeutet nicht nichts!

In meinem ersten Buch hatte ich sowohl den Aufbau als auch die physikalischen Grundlagen für das Funktionieren jener »Die Glocke« genannten Apparatur beschrieben, die mit ihren potenziellen Einsatzmöglichkeiten damals wie heute einen wissenschaftlichen Durchbruch von ungeahnter Tragweite bedeutet, einen Vorgriff auf das Land Utopia, den Umgang mit »Dingen, die selbst für die gut informierte Öffentlichkeit bis heute undenkbar und unglaublich, also irreal sind«. Der polnische Journalist und Militärhistoriker Igor Witkowski konnte in den 90er Jahren des letzten Jahrhunderts durch die Einsichtnahme in polnische Geheimdienstdokumente an erste Informationen zu diesem Projekt gelangen. Mit Unterstützung durch Vertreter verschiedener Wissenschaftsdisziplinen gelang es ihm in den Folgejahren, das Funktionsprinzip der »Glocke« weitgehend zu entschlüsseln. Unter größter Geheimhaltung hatten die Deutschen im Jahr 1942 mit den Arbeiten begonnen, und bis zum Kriegsende waren die Versuche so weit fortgeschritten, dass die theoretischen Implikationen des Versuchsaufbaus als ausreichend erforscht gelten konnten. Darauf deutet zumindest die Ermordung von 62 an den Experimenten Beteiligten hin – darunter auch deutsche Wissenschaftler, die dem Geheimhaltungsgrad um diese ultimative Siegeswaffe geopfert wurden. Wenn die Kapitulation der Deutschen Wehrmacht auch verhinderte, dass eine praktische Umsetzung der gewonnenen Erkenntnisse dem Kriegsverlauf noch eine andere Wendung gab, so war es den Deutschen in den letzten Kriegstagen doch gelungen, die Hardware sowie die Forschungsunterlagen rechtzeitig dem Zugriff der Alliierten zu entziehen. Die praktischen Konsequenzen aus den Versuchen mit der »Glocke« fanden nach 1945 ihren Niederschlag in dem, was heute als UFO-Phänomen bezeichnet wird. (2, 19, 21)

Wenn ich die mit dem Projekt »Die Glocke« verbundene Technologie als Vorgriff auf das Land Utopia bezeichne, wird das bei einigen vielleicht nur verständnisloses Kopfschütteln hervorrufen. Sie mögen darüber nachdenken, was es für uns heute bedeuten würde, könnten wir mit technischen Mitteln zum einen die Schwerkraft aufheben und uns darüber hinaus auch noch eine unbegrenzte Energiequelle erschließen. Das Tor in eine Zukunft mit kaum auszudenkenden Perspektiven stünde uns ganz weit offen … Paradoxerweise haben die »Falschen« diese Technologie in ihre Hände bekommen, konnten sie über mehr als 60 Jahre fortentwickeln und dürften heute über einen Vorsprung verfügen, der kaum mehr einzuholen ist. Wie immer im Leben hilft Jammern nicht wirklich weiter. Wir sollten uns vielmehr bemühen, den Erkenntnisprozess, den die Dritte Macht schon vor Jahren absolviert hat, nunmehr schleunigst nachzuvollziehen.

Das bedeutet zuerst einmal, bestimmte Grundlagen unserer Physik und damit verbunden auch unserer Kosmologie kritisch zu hinterfragen. Ich wüsste niemanden, der sich in den letzten Jahren größere Verdienste um diese seit langem fällige Bestandsaufnahme erworben hat, als Alexander Unzicker. Für sein Buch »Vom Urknall zum Durchknall« bekam er im Jahr 2010 den Preis für das beste Wissenschaftsbuch des Jahres verliehen. Wer schon immer geahnt hat, dass mit unserem physikalischen Weltbild etwas nicht stimmt, bekommt in diesem Buch die Fakten vermittelt, die aus der unterschwelligen Vermutung traurige Gewissheit werden lassen. (59) Bei aller Kritik am etablierten Wissenschaftsbetrieb vergisst Unzicker nicht, auf alternative Erklärungsansätze hinzuweisen. Aus meiner Sicht hat er einen ganz entscheidenden Gegenentwurf dabei vergessen: Die stochastische Elektrodynamik. Diese Theorie bringt alle Voraussetzungen mit, um unser physikalisches Weltbild erfolgreich einer Revision zu unterziehen. Auch könnte sie uns helfen, in wissenschaftlich-technischer Hinsicht den Anschluss an die Dritte Macht nicht gänzlich zu verlieren.

Die stochastische Elektrodynamik ist eine Theorie, die unter Zuhilfenahme des Instrumentariums der klassischen Physik zu denselben Ergebnissen wie die Quantentheorie führt. Übernommen wird lediglich die Existenz des Nullpunktenergiefeldes im Vakuum. Alle aus der Quantenmechanik ebenso wie aus der Quantenelektrodynamik bekannten Aussagen lassen sich im Rahmen der stochastischen Elektrodynamik direkt reproduzieren, ohne den Formalismus der Quantenmechanik zu bemühen. Drei der renommiertesten Vertreter dieser physikalischen Theorie sind die amerikanischen Wissenschaftler Bernhard Haisch, Alfonso Rueda und Harold E. Puthoff. Anknüpfend an frühere Überlegungen des russischen Physikers und Nobelpreisträgers Andrej Sacharov untersuchten sie den Zusammenhang zwischen den physikalischen Größen der Gravitation und der Trägheit mit den Vakuumfluktuationen des Nullpunktenergiefeldes. Um auch den physikalischen Laien einen Einstieg in diese komplizierte Materie zu ermöglichen, will ich möglichst einfach vorgehen. Ich werde also nur die groben Linien der Theorie aufzeigen und viele Zwischenschritte auslassen. Wer sich für die Details interessiert, der studiere die auf der Webseite des Calphysics Institute (www.calphysics.org) veröffentlichten wissenschaftlichen Beiträge.

Beginnen wollen wir mit einer einfachen Frage: Woher kommt die Masse? Von wegen einfache Frage, weit gefehlt! »Die Wahrheit ist, dass der Ursprung der Masse zu Beginn des 21. Jahrhunderts noch immer zu den bestgehüteten Geheimnissen der Natur gehört.« (58) Erschwerend kommt hinzu: *Die* Masse existiert so gar nicht. Von den

Physikern werden drei Arten von Masse unterschieden. Mit der »trägen« Masse sind wir am besten vertraut. Schon als Kinder lernen wir, dass ein Körper sich »wehrt«, wollen wir seine Bewegung verändern. Wir stoßen auf seinen Widerstand, besser gesagt, seine Trägheit. Dann gibt es die Masse, die auf die Schwerkraft reagiert, die auch als Gewicht bezeichnet wird. Diese heißt die »schwere« Masse. Hinzu kommt noch die Masse, die sich wie ein hochkonzentrierter »Knoten« von Energie verhält. Energie ist bekanntlich gleich dem Produkt aus Masse und dem Quadrat der Lichtgeschwindigkeit. Diese Massenenergie versuchen die Physiker über den Higgs-Mechanismus herzuleiten. Eine Bestätigung dieses theoretischen Konstruktes könnte gefunden werden, wenn man nur endlich des verzweifelt gesuchten Higgs-Teilchens habhaft werden würde. Es spricht allerdings einiges dafür, dass die postulierte Existenz dieses Teilchens einen jener vielen Irrtümer darstellt, dem die moderne theoretische Physik aufgesessen ist. (59, 60)

Die oben genannten Befürworter des aus der Stochastischen Elektrodynamik resultierenden Erklärungsansatzes sehen die Ursache der drei verschiedenen Arten von Masse in der Wechselwirkung zwischen den Teilchen und der Umgebung, durch die sie sich bewegen – dem Quantenvakuum. Wir wissen heute, dass ein Vakuum nicht »leer« ist. Die so genannten Nullpunktfluktuationen eines Quantenfeldes können selbst bei einer Temperatur von 0 Grad Kelvin nicht unterbunden werden. Es existiert ein Fluktuationsfeld mit endlicher Energie, das Vakuumstrahlungsfeld, welches auch als Quantenrauschen bezeichnet wird. Nullpunkt bedeutet also nicht nichts. Das seltsame Verhalten mikroskopischer Teilchen, die Entstehung der drei Massen, lässt sich – vereinfacht ausgedrückt – darauf zurückführen, dass diese von dem unablässig brodelnden Quantenvakuum pausenlos Stöße erhalten. Aus dem Umstand, dass »träge« und »schwere« Masse ihre Existenz dem Vakuum verdanken, ergibt sich eine »geradezu umwerfende Konsequenz: Durch Modifizierung des Vakuums ließen sich beide Arten von Masse modifizieren! Wenn man einen Weg fände, das Vakuum in geeigneter Weise zu verändern, ließe sich die Masse möglicherweise aufheben. Dann könnte man einen trägheitslosen Antrieb bauen«, mit dem auch eine Manipulation des Gravitationsfeldes zu erreichen wäre. (60)

Diese im Konjunktiv geschriebenen Sätze gelten speziell für uns, die wir heute erst beginnen, die entsprechenden Zusammenhänge zu verstehen. Die Dritte Macht ist längst darüber hinaus. Die von Haisch, Rueda und Puthoff gestellte entscheidende Frage nach der Resonanzfrequenz, bei der eine Interaktion zwischen den Teilchen und dem Nullpunktenergiefeld möglich wird (61), konnte von deutschen Wissenschaftlern anscheinend noch vor dem Ende des 2. Weltkrieges erfolgreich beantwortet werden. Darauf deuten die Versuche mit »Die Glocke« hin, bei denen nach dem Prinzip »Versuch und Irrtum« verfahren wurde. Jeder Durchlauf dauerte im Durchschnitt nur eine Minute. »Es sieht so aus, als hätten die deutschen Wissenschaftler versucht, die Glocke wie ein Radiogerät ›abzustimmen‹.« (21) Im Ergebnis dieser Versuche erschienen im Herbst 1944 die als foo-fighters bezeichneten »Feuerbälle« und nicht lange nach Kriegsende die UFOs am Himmel. Gravitation und Trägheit waren beherrschbar geworden.

Gelang es den Deutschen darüber hinaus, mit »Die Glocke« auch die hohen Energiedichten des Nullpunktenergiefeldes anzuzapfen? Einige Wissenschaftler sind der Meinung, »ein Schuhkarton davon enthalte genug Energie, um die Welt in die Luft zu jagen«. Drastischer noch brachte es der schon erwähnte Harold E. Puthoff im Gespräch mit Nick Cook auf den Punkt: »Ihre Kaffeetasse birgt genug Energie, um alle Ozeane dieser Welt mehrere Male vollständig verdampfen zu lassen.« (21) Marc G. Millis, der das »Breakthroug Propulsion Physics Program« der NASA leitet, mit dem der große Durchbruch in Sachen Antriebstechnik erzielt werden soll, sieht durchaus die theoretische Möglichkeit, aus dieser das ganze Universum durchziehenden unterschwelligen Strahlungsquelle Energie zu entziehen und diese sinnvoll zu nutzen. Diese Energie würde eine »unerschöpfliche Quelle darstellen, deren Ergiebigkeit möglicherweise keine Grenzen gesetzt seien«. (21) Puthoff selbst, der sich schon seit den späten 80er Jahren des letzten Jahrhunderts mit diesem Thema auseinandersetzt, kennt gleich mehrere theoretische Ansätze, um dem Problem praktisch zum Durchbruch zu verhelfen. (62) Bisher wurde von uns (!) die richtige Methode noch nicht gefunden, konnten die entwickelten Apparaturen noch nicht auf die für das Funktionieren richtige Resonanzfrequenz abgestimmt werden. Nick Cooks physikalischer Mentor Dan Marckus (Pseudonym) gab den wohl alles entscheidenden Hinweis: »Da sich das Nullpunktenergiefeld aus Milliarden winzig kleiner Energiefluktuationen zusammensetzt, die sich unablässig und innerhalb von Sekundenbruchteilen materialisieren und wieder entmaterialisieren, kann, der

Theorie nach, alles, was in diese Fluktuationen einzugreifen vermag, das Feld anzapfen und Energie herausziehen. Einige Leute, und darunter auch ich, glauben, dass ein Torsionsfeld genau das kann ... Alles, was rotiere, erzeuge ein Torsionsfeld.« Marckus sprach auch von einem Eingriff in die Bindemechanismen des Universums. (21) Wir erinnern uns, sowohl »Die Glocke«, als auch Schaubergers »Repulsine« funktionierten nach diesem Prinzip. (2) Die Dritte Macht benötigt keine fossilen Energieträger, keine Atomkraft und hat selbst die Möglichkeiten der Kernfusion hinter sich gelassen. Sie nutzt die einzig sinnvolle alternative Energie – die Nullpunktenergie.

Alle Informationen über das Projekt »Die Glocke« verdanken wir bisher einzig und allein Igor Witkowski. Niemand sonst hat bisher aus unabhängigen Quellen über diese einzigartige Apparatur berichtet. Keinem öffentlich zugänglichen Dokument sind ergänzende Details zu entnehmen. Dieser Umstand ist von einigen zum Anlass genommen worden, die Existenz des Projektes generell in Frage zu stellen.

Ich möchte im Folgenden die Aussagen eines Mannes vorstellen, die in mancherlei Hinsicht das bestätigen, was Igor Witkowski an Informationen veröffentlicht hat. Da der Projektname in diesen Aussagen nicht ausdrücklich genannt wird, haben wir es mit indirekten Hinweisen zu tun, die, jeder für sich betrachtet, jedoch aussagekräftig genug ausfallen. Der Mann selbst – ich möchte ihn, wie das in solchen Fällen nun einmal üblich ist, als die Quelle »X« bezeichnen – gehörte über mehrere Jahre zum engsten Umfeld des Reichsführers-SS Heinrich Himmler.

Beginnend im Sommer des Jahres 2000 wurde er in den folgenden 24 Monaten zu verschiedenen Terminen über bestimmte historische Sachverhalte eingehend befragt. Die Interviews wurden mit Tonband aufgenommen und später schriftlich protokolliert. Die genauen Hintergründe der stattgefundenen Befragungen sowie die ausführenden Personen sind dem Autor bekannt. An der Echtheit der preisgegebenen Informationen bestehen nach einer vom Autor durchgeführten gründlichen Konsistenzprüfung keinerlei Zweifel. Es bleibt im Interesse einer in nicht unbeträchtlichen Teilen revisionsbedürftigen Zeitgeschichtsforschung zu hoffen, dass die betreffenden Personen irgendwann den Mut aufbringen und die Aussagen von »X« in ihrer Gesamtheit veröffentlichen. Dann kann auch die wahre Identität des »X« offenbart werden.

Zur Erinnerung: Im Januar 2001 erschien die erste Ausgabe von Nick Cooks Buch »Hunt for Zero Point«, in dem erstmalig über die Entdeckungen Igor Witkowskis bezüglich des Projektes »Die Glocke« berichtet wurde. Dessen eigenes Buch »The Truth about the Wunderwaffe« wurde erst im Jahr 2003 veröffentlicht. Dagegen gab »X« schon im Juli 2000 sein Wissen über anscheinend genau diese Geheimwaffenentwicklung zu Protokoll: »Ein anderes Beispiel, das mir vom Jahresende 1942 noch in Erinnerung ist, ist folgendes. Damals hatte sich jemand bei Himmler gemeldet und eine Konstruktionsskizze für eine sehr interessante, völlig neuartige Technologie vorgelegt, von der jeder Vernünftige gleich gesagt hätte, dass das eine Spinnerei sein würde. Himmler ließ den Vorschlag prüfen, und dazu nutzte er die Fähigkeiten von zwei hervorragenden Wissenschaftlern, die unabhängig voneinander zu dem Urteil kamen, mit unserer jetzigen Technik könnten wir das nicht machen, grundsätzlich würde es aber möglich sein ... Er hat den Auftrag gegeben, an dem Projekt zu arbeiten, und am Ende waren mindestens 40 Wissenschaftler und viele Hilfskräfte damit in Schlesien beschäftigt, und die Fortschritte waren unglaublich. Es ist nicht fertig geworden, und ich weiß nicht, wie lange das noch gedauert hätte, aber es ging, das wussten wir jetzt ...« (22)

Die Übereinstimmungen sind wahrlich verblüffend:

Das Projekt »Die Glocke« wurde im Jahr 1942 ins Leben gerufen. Tatsächlich waren zwei hochrangige Wissenschaftler involviert, die beide in ihren Forschungen die Gravitation mit bestimmten Quanteneffekten und dem Spin der Elementarteilchen in Verbindung brachten – der Reichsbevollmächtigte für Kernphysik Walter Gerlach sowie der theoretische Physiker Pasqual Jordan. (19,23) Seit Dezember 1944 fanden die Versuche mit der »Glocke« in einem stillgelegten Kohlebergwerk in der Nähe von Waldenburg in Schlesien statt. Wie ich in meinem ersten Buch dokumentiert habe, waren die Fortschritte wirklich unglaublich. Starben anfänglich bei den Experimenten noch fünf der beteiligten sieben Wissenschaftler, wurden im Januar 1945 noch zwölf bis 15 Prozent und im März nur noch zwei bis drei Prozent der biologischen Proben zerstört. Das Ziel des Projektes, die Entwicklung eines bemannten Antigravitationsflugkörpers als ultimative Siegeswaffe, konnte jedoch nicht mehr rechtzeitig vor dem Ende des Krieges erreicht werden. »X« greift diesen Umstand auf: »Ich bin der festen Überzeugung, ein dreiviertel Jahr noch, und der Krieg wäre für uns unverlierbar geworden, selbst wenn die Amerikaner deutlich zu unserer seinerzeitigen Technologie aufgeschlossen hätten (aus dem Zusammenhang des Textes wird deutlich, dass damit die deutsche Atomwaffenentwicklung gemeint ist und dass diese eben nicht als kriegsentscheidend angesehen wurde; der Autor) … der Krieg wäre innerhalb von wenigen Tagen zu Ende gewesen, weil die Amerikaner die Russen nicht mehr mit Kriegsgerät beliefert hätten und wir mit einer Neuentwicklung, die nach meiner Kenntnis so gut wie fertig war, jedoch noch nicht hergestellt wurde, die Ostfront stabilisiert hätten.« Bei dieser Neuentwicklung handelte es sich, wie ich in »Die Zukunft hat längst begonnen« ausführlich dargelegt habe, um ein Waffensystem, bestehend aus dem Träger, dem Antigravitationsflugkörper, sowie einer Ladung der hochgiftigen Nervengase Tabun, Sarin bzw. Soman, gegen deren Wirkung zu jener Zeit keinerlei Gegenmittel vorhanden war. »Wenn mindestens 40 Wissenschaftler und viele Hilfskräfte damit in Schlesien beschäftigt« gewesen sein sollen, so sind die Parallelen zum Projekt »Die Glocke« nicht zu übersehen. Laut den Dokumenten, deren Einsichtnahme Igor Witkowski gestattet wurde, erschoss die SS im April 1945 62 der an den Experimenten beteiligten Personen. Für diese barbarische Vorgehensweise könnten Geheimhaltungsgründe maßgeblich gewesen sein. Zur großen Überraschung äußerte sich »X« auch hierzu, wenn auch in leicht abgewandelter Form und bezogen auf die am deutschen Atomprojekt beteiligten Wissenschaftler: »Kammlers Vorstellung dazu war also, wenn erst mal alles richtig funktionieren würde … dann sollten die Wissenschaftler rausgezogen werden und gar nichts mehr von dem mitbekommen, was dann vorgesehen war.« Und an anderer Stelle: »… wir müssten einige Leute aus der Verantwortung nehmen, wenn die letzten Probleme für die Großfertigung im Wesentlichen gelöst wären, damit die Bedenkenträger keinen Einfluss mehr hätten. Dabei ist auch Gerlachs Name gefallen … Er sollte dann etwas organisieren, was in der Nähe von Waldenburg geplant war.« Nicht nur bekommen wir damit ein anderes Argument für das notwendige »Herausziehen« der Wissenschaftler. Auch unsere Vermutung, die Erschießung der am Projekt »Glocke« beteiligten Wissenschaftler und Hilfspersonen könnte ein Indiz dafür sein, dass die Entwicklung im Wesentlichen abgeschlossen war, wird durch diese Aussage gestützt. Die Erwähnung von Gerlach im Zusammenhang mit der Organisation von »etwas« in Waldenburg, wo laut Witkowski die ultimative Siegeswaffe entwickelt wurde, liefert dann die letzte Bestätigung: Bei der von »X« genannten Entwicklung kann es sich nur um das Projekt »Die Glocke« handeln. Diese von Igor Witkowski völlig unabhängige Überlieferung bestätigt damit die tatsächliche Existenz dieser zukunftsweisenden Technologie.

Mit den Aussagen von »X« lässt sich noch ein anderer Strang verfolgen, der eine Verbindung zur Antigravitationsforschung der SS herstellt. »Mit einigen Leuten aus dem Ahnenerbe hatten wir engere Kontakte … es gab danach aber eine Anlaufstelle, über die man spezielle Forschungen betreiben wollte, zu Anregungen, die Heim gemacht hatte.« Gemeint ist hier der Physiker Burkhard Heim. In der kürzlich erschienenen Biografie von Heim ist über dessen Zusammenarbeit mit dem Ahnenerbe nichts erwähnt. (63) Die Forschungsgemeinschaft Deutsches Ahnenerbe e.V. verfolgte ursprünglich das Ziel, die Überlegenheit der nordischen Rasse wissenschaftlich zu legitimieren. Während des Krieges änderte sich die Ausrichtung des Vereins. Der Schwerpunkt lag nunmehr auf der »wehrwissenschaftlichen Zweckforschung«. Im Jahr 1943 umfasste das Ahnenerbe bereits über 40 wissenschaftliche Abteilungen. Es hatte sich zu einer Art »brain trust« der SS entwickelt. In diesem Kontext könnten die Anregungen Burkhard Heims umgesetzt worden sein. Um welche Ideen Heims es sich gehandelt hat, erschließt sich aus den protokollierten Aussagen von »X« nicht. Überhaupt hatte ich zu Beginn große Zweifel, was die damalige Mitwirkung Heims an wissenschaftlicher Spitzenforschung betrifft, war dieser bei Kriegsende doch gerade erst mal 20 Jahre alt. Eine nähere Beschäftigung mit Heims Entwicklung ließ dagegen schnell erkennen, dass dieser schon in jungen Jahren den Weg zum »vergessenen Genie«, wie ihn sein Biograf bezeichnet, eingeschlagen hatte. Schon im Alter von 18 Jahren hatte er einen Thermitsprengstoff entwickelt. Im Jahr 1944 wurde er vorübergehend vom Kriegsdienst freigestellt, um an der Chemisch-Technischen Reichsanstalt seine Entwicklungen weiter voranzutreiben. Parallel dazu hatte er Konzepte für eine Atomrakete und ein Höhenraketenflugzeug entwickelt, die er den Experten auf dem Gebiet der Raketenentwicklung in Peenemünde bzw. Reichsmarschall Hermann Göring – diesem sogar persönlich – erläutern durfte. Selbst Entwürfe für eine Fusionsbombe wurden von ihm zu Papier gebracht. Bei alledem darf nicht übersehen werden, dass Heim zu diesem Zeitpunkt altersbedingt ein wissenschaftliches Studium noch nicht absolviert haben konnte und somit auch nicht über einen wissenschaftlichen Abschluss verfügte. Möglich, dass unter dem Dach des Ahnenerbes eines dieser Projekte Heims weiterverfolgt werden sollte. Am 18. Mai 1944 erlitt Heim während eines Versuchs mit dem neuartigen Sprengstoff einen schweren Unfall, bei dem er beide Hände sowie Augenlicht und Gehör fast vollständig verlor und der alle weiteren Ambitionen vorerst zunichte machte. (63)

Erstaunt nahm ich eine weitere Heim betreffende Aussage von »X« zur Kenntnis, die so gar nicht in das Schema der aus Heims Lebenslauf bekannten Tatsachen passen wollte: »Unser Spitzenmann in Göttingen war Heim. Ein absolutes Genie. Der hat den Magnetantrieb berechnet, und der funktionierte auch, wie sich bei Versuchen zeigte. Hitler hat in diesem frühen Stadium nicht verstanden, welche Bedeutung das in der Zukunft haben wird und das Konzept an die Seite gelegt. Himmler hat aber sofort die Optionen erkannt und daraus unter höchster Geheimhaltung ein eigenes Projekt gemacht.«

Heim gelangte erst nach Kriegsende nach Göttingen, begann hier 1946 sein Studium der Chemie, später der theoretischen Physik, erhielt 1954 sein Physik-Diplom und arbeitete anschließend in der Forschungsgruppe von C.F. von Weizsäcker am Max-Planck-Institut für theoretische Astrophysik. In dieser Zeit berechnete er tatsächlich einen Magnetantrieb, ohne allerdings die letzten Details preiszugeben. Praktische Versuche damit hat es nicht gegeben. Heim erregte damals große öffentliche Aufmerksamkeit, und auch ausländische Geheimdienste begannen sich für ihn zu interessieren (63)

Was ist unter einem Magnetantrieb zu verstehen? Der korrekte Begriff dafür lautet Magnetfeldantrieb. Dieser basiert auf einer Kopplung von Magnetismus und Schwerkraft. Der wissenschaftliche Berater von Nick Cook, Dan Marckus, brachte es auf den Punkt: »Feldantrieb. Ein anderer Name für die Antigravitation.« (21)

Fassen wir kurz zusammen: Heim war nach dem Krieg ein Spitzenwissenschaftler in Göttingen und entwickelte dort einen Antigravitationsantrieb, dessen genaue Funktionsweise jedoch geheim gehalten wurde. Anscheinend hielt er weiterhin Verbindung zu Kreisen, die der Dritten Macht nahegestanden haben dürften. Heim konnte diesen Antrieb demnach nicht schon während des Krieges konstruiert haben. Wie aus den Äußerungen von »X« indes eindeutig hervorgeht, hatte noch in den Kriegsjahren unter der Ägide Himmlers eine solche Entwicklung stattgefunden, deren Praxistest erfolgreich verlaufen war. Das

PAZIFISCHER OZEAN
Bismarckarchipel
Bismarcksee
PAPUA-NEUGUINEA
INDONESIEN
West-
Neuguinea
Neuguinea
AUSTRALIEN
Arafurasee
Bandasee
Ceramsee
Salomonsee
Korallensee
Papuagolf
Doberai-halbinsel
Bomberai-halbinsel
Van-Rees-Gebirge
Maokegebirge
Bismarckgebirge
Owen-Stanley-Gebirge
Neu Britannien
Sorong
Manokwari
Biak
Jayapura
Vanimo
Wewak
Madang
Lae
Goroka
Mt. Hagen
Wabag
Mendi
Timika
Merauke
Daru
Kerema
Port Moresby
Popondeta
Alotau
Kimbe
Lorengau
Fakfak
Kai-Inseln
Aru-Inseln
Yandena
Yos Sudarso
Sepik
Fly
Digul
Torresstraße
0 50 100 150 200 m
0 50 100 150 200 km

Abb. 1

Goodenough Bay
Orangerie Bay
Milne Bay
Mt. Simpson
Woruka
Boga Boga Mission
Boboni
Podago
Tarakwaruri Mission
Mapona
Monari
Wakakamaki Mission
Kwinau Mission
Baniara
Tepatutuana
Giwa
Bibiyra
Gagari
Silsiti
Mua
Kepporo
Rabaraba
Keiboda
Gatu
Mowapa
Wedau
Divari
Lavora
Topura
Duru Duru
Ginaivuna
Garuahi
Iwai
Taupota
Number 2
Awaiama
Ginewa
Aigubu
Iapoa
Wapulamutana
Hiliwau
Pilori
Lelehudi
Gaduda
Hewia
East C
Hehego Mission
Paligele
Mufuiuwabwahibiga
Baiaga
Guguepo
Gibara
Waga Waga
Daio
Labelabe
Kilikilana School
Dibonina
Samarai
Sidudu
Magesina
Sideia I
Kasabanalua
Sideia
Bedauna
Bogaia
Pihigole
Modeiwa Mission
Ipulai
Brumer Is
Suao
Lawes College
Leileiafa
Silo Silo
Bona Bona I
Auneri
Siasiada
Lahmoina
Daudau
Gadaisu
Gogoba
Keakalo
Tabinbo
Amazon B
Magarida
Kobei
Kuru
Kumkumira
Gavi
Esa' Ala
Esaala
Sebulugomwa
Numanuma
Nade
Salamo
Tuwala
Upa-Upasina
Gausepa
Susukwai
Neiwa
Darubia
Mataupa
Pwanapwana
Sewatatai
Isumdimaiu
Waikaiuna
Sibonai
Badalai
Elasi
Sehulea
Kurada
Barabara
Bunama Mission
Kasikasi
Lawadi

Abb. 2

Abb. 3

Pto. Quequén
Bahia Blanca
Argentina
Faro el Rincón
Pto San Blás
San Antonio
Faro Segunda Barranca
Golfo San Matias
Océano Atlántico
Pta Colorada
Pta Norte
S. José
Peninsula Valdés
Pto Madryn
G. Nuevo
Pta Delgada
Morro Nuevo
Pta Ninfas

Abb. 4

Abb. 5

156°E
159°E
162°E
PAPUA NEW GUINEA
Ontong
Java Atoll
Bougainville
Bougainville Strait
-6°S
Roncador Reef
Choiseul
SHORTLAND
ISLANDS
Santa
Isabel
Ndai
Sika
Vella Lavella
Ranongga
Kolombangara
New Georgia
Rendova
Telepare
Vangunu
New Georgia Sound
Nggela
Malaita
-9°S
RUSSELL
ISLANDS
Honiara
NEW GEORGIA
ISLANDS
Guadalcanal
Ulawa
Pockington
Reef
San Cristobal
Solomon
Sea
Bellona
Rennell
-12°S
Indispensable
Reefs
Coral
156°E
159°E
162°E

Abb. 6

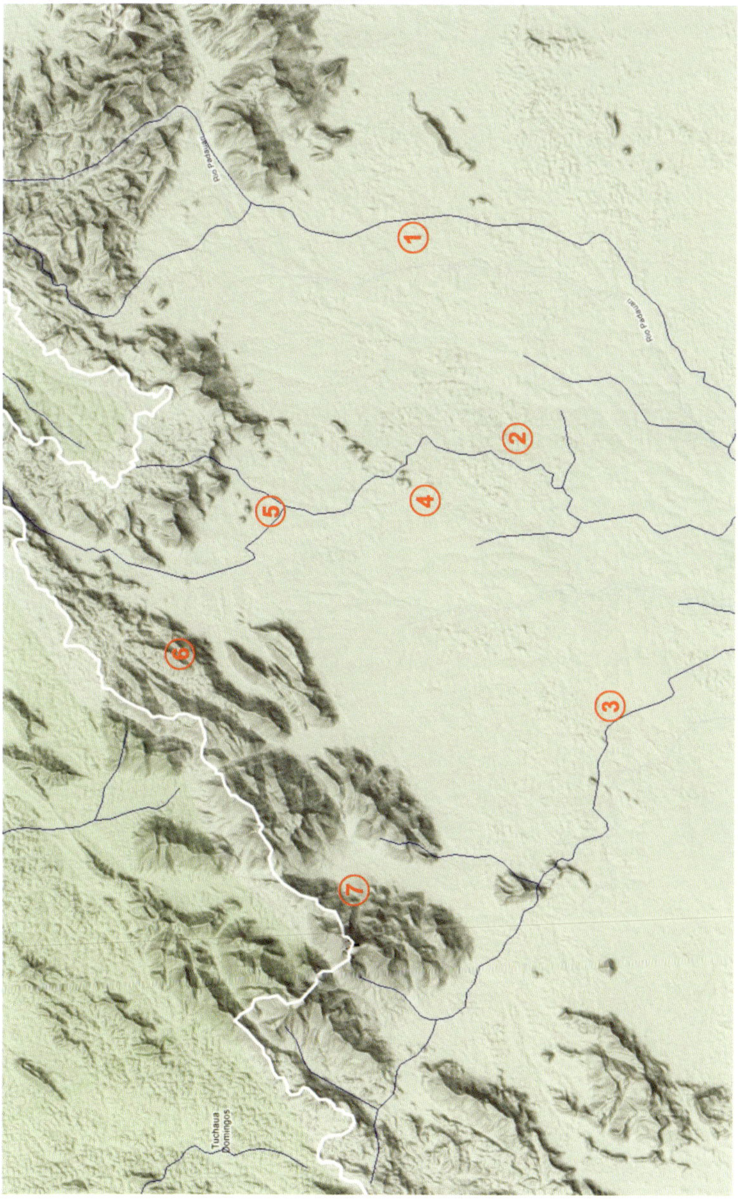

Abb. 7:

1. Rio Padauiri, 2. Rio Castanho, 3. Rio Marari, 4. Aussichtspunkt mit Blick auf die "Pyramiden", 5. "Pyramiden", 6. Ruinen der alten Stadt, 7. Eingang zum Hauptquartier der Dritten Macht

Abb. 8

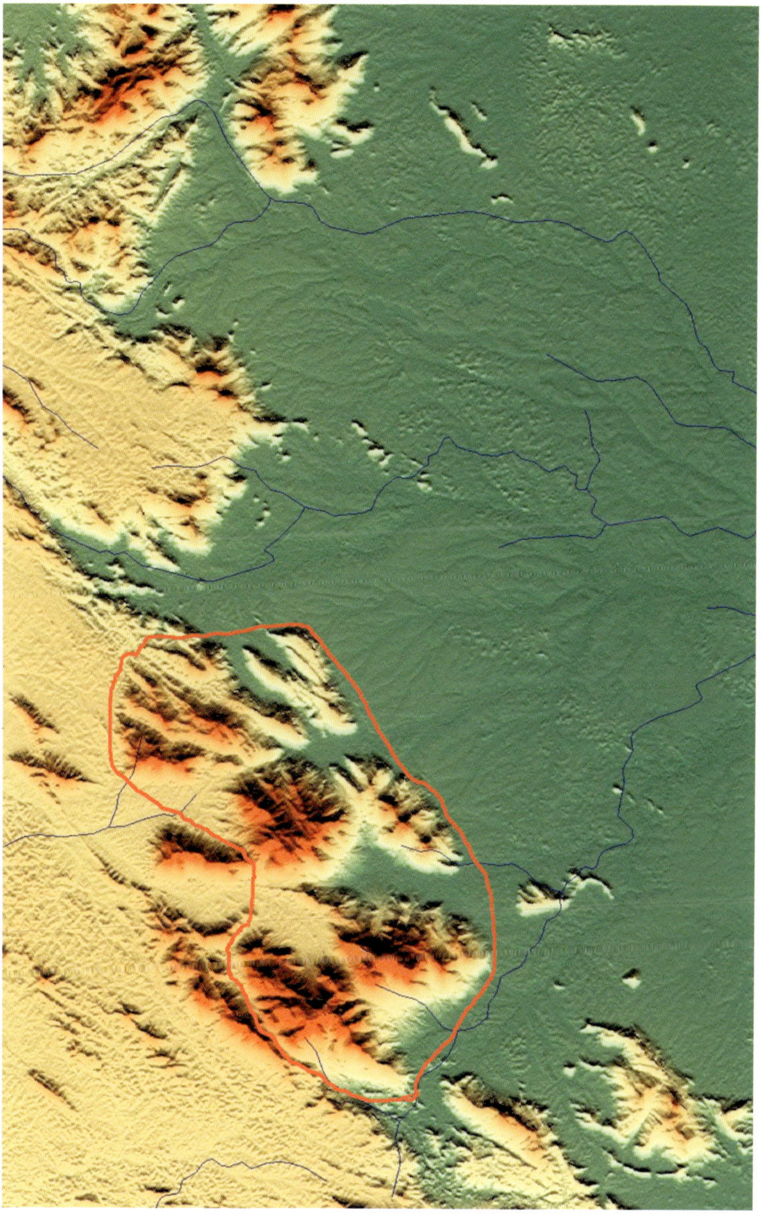

Abb. 9

Abb. 10

kann als ein weiterer deutlicher Hinweis auf das Projekt »Die Glocke« verstanden werden. Im Klartext: Heim wiederholte nach dem Krieg nur die Entdeckung des dem Projekt »Die Glocke« zugrunde liegenden Funktionsprinzips bzw. entwickelte dieses weiter.

Heim hatte sich bald nach Abschluss seiner Diplomarbeit aus dem öffentlichen Wissenschaftsbetrieb verabschiedet. Gründe waren die Verständnislosigkeit, mit der in Göttingen auf seine Theorien reagiert wurde, das Bemühen, seine weittragenden Erkenntnisse nicht durch ausländische Mächte auswerten zu lassen, und nicht zuletzt seine aus dem Unfall resultierenden körperlichen Beeinträchtigungen. In der Folgezeit agierte er als vielseitig interessierter wissenschaftlicher Einzelgänger, dessen herausragende Ideen erst im neuen Jahrtausend die ihnen gebührende öffentliche Aufmerksamkeit finden konnten. Die Gruppe um die beiden Wissenschaftler Prof. Dr. Jochem Häuser und den ehemaligen Abteilungsleiter im Wiener Patentamt Walter Dröscher publizierte auf den jährlich stattfindenden Konferenzen des American Institute of Aeronautics and Astronautics (AIAA) mehrere Beiträge, in denen die Konsequenzen der Heimschen Theorie für die Raumfahrt der Zukunft detailliert erörtert wurden. Für ihren Beitrag »Guidelines for a Space Propulsion Device based on Heim's Quantum Theory« erhielten Häuser und Dröscher den AIAA-Forschungspreis 2004. Darin hatten sie nicht nur die Erkenntnisse Heims zusammengefasst, sondern darüber hinaus auch eine Erweiterung von dessen Theorien vorgenommen. (13,64) Zwei mögliche Antriebsformen wurden vorgestellt. Der eine, angeblich sogar für interstellare Reisen geeignete Antrieb, hat die Weiterentwicklung der Heimschen Theorie zur Grundlage. Dieser theoretische Ansatz postuliert die Existenz eines Hyperraumes, der durch Interaktion mit »dunkler Energie« erreicht werden kann. Auf diese Weise sei zum Beispiel der elf Lichtjahre entfernte Stern Procyon in nur 80 Tagen zu erreichen. Seit der Veröffentlichung von Unzickers oben genannten Buch, wissen wir, was von solchen rein hypothetischen Konzepten wie dem von der »dunklen Energie« zu halten ist, und wollen uns von daher auf den originären Heimschen Antrieb konzentrieren. Die kinetische Energie für die Fortbewegung wird – die Ähnlichkeit mit dem Funktionsprinzip von »Die Glocke« ist nicht zu übersehen – dem Vakuum entnommen. Die Flugzeit zum Mond reduziert sich gegenüber den herkömmlichen chemischen Antrieben auf vier Stunden, die zum Mars auf 34 Tage! (64) Ein Flug zum Mars mit den uns bekannten Antrieben dauert heute im Durchschnitt 250 Tage. Der Dritten Macht könnte es demnach mit der von mir unterstellten Nutzung von interplanetaren Raumsonden, die sich nach den Prinzipien der Heimschen oder einer anderen, ähnlichen Theorie (»Glocke«) fortbewegen, gelungen sein, die Reisezeit zum Mars auf etwa ein Siebentel zu verkürzen. Bemannte Marsmissionen und eine Kolonisierung dieses Planeten wären damit in den Bereich des Möglichen gerückt. Das würde viele der auf dem Mars beobachteten Anomalien, auf die ich ausführlich in meinem ersten Buch hingewiesen habe, erklären. Wobei ich schon wieder die Kritiker tönen höre: »Der Sternhoff, in vielem mag er Recht behalten, aber seine Verbindung zwischen Dritter Macht und dem Planeten Mars ist schon abstrus. Hier hat er sich fraglos zu weit aus dem Fenster gelehnt!« Nachdem die Reisezeit zum Mars nun erheblich verkürzt worden ist, will ich nachfolgend noch einmal alle Argumente zusammenstellen, die für eine Besiedlung des roten Planeten durch die Dritte Macht sprechen.

3.4. Wie viele »Marsianer« gibt es?

Im zweiten Teil dieses Abschnittes wird es nicht mehr darum gehen, ob der Mars – wenn auch vorerst nur in kleinem Rahmen – kolonisiert worden ist, sondern ich werde aus frei verfügbaren wissenschaftlichen Daten eine Schätzung der Personalstärke abgeben, mit der die Dritte Macht auf diesem Planeten präsent ist. Für meine Kritiker seien zuvor jedoch alle Pro-Mars-Argumente noch einmal aufgeführt:

- Generell besteht für Menschen die Möglichkeit, auf dem Mars langlebige Habitate zu unterhalten. Die überlebenswichtigen Einflussfaktoren Sonnenlicht, Temperatur, Atemluft, Luftdruck, Schwerkraft, Strahlenschutz, Wasservorkommen, Energieressourcen und Bodenschätze sind auf der Planetenoberfläche bzw. darunter entweder in ausreichendem Maße gegeben oder können mit technologischen Hilfsmitteln bereitgestellt werden. (2)
- Die für die Flugphase benötigte Zeit lässt sich mit den oben beschriebenen Antrieben erheblich verkürzen, so dass auch das potenzielle Gesundheitsrisiko durch die kosmische Strahlung minimiert werden kann.

- Dass diese Antigravitationsantriebe der Dritten Macht schon in den 50er Jahren des letzten Jahrhunderts zur Verfügung gestanden haben und, wenige Jahre bevor 1962 die erste russische Sonde den Marsorbit erreichte, schon gezielt für Flüge zum Mars eingesetzt worden sind, konnte ich den Aussagen von Narciso Genovese entnehmen. Dieser wusste nicht nur zu diesem die Dritte Macht betreffenden Thema erstaunlich gut Bescheid, sondern wir verdanken ihm auch indirekte Hinweise auf das Hauptquartier am Tamacuari. (1,2)
- Über verschiedene Möglichkeiten der Dritten Macht, ihre Aktivitäten auf dem Mars erfolgreich zu tarnen, hatte ich in diesem Buch schon berichtet. Auch die Natur des Mars ist dabei hilfreich. Während der Dunkelheit der Marsnacht können Unternehmungen gestartet werden, die tagsüber unseren Marssonden nicht verborgen bleiben würden. Die gewaltigen Sandstürme, »gegen die selbst die heftigsten irdischen Stürme wie laue Lüftchen wirken«, verwischen verräterische Spuren auf der Marsoberfläche. (65)
- Da unter dem Aspekt eines wirksamen Strahlenschutzes, von der notwendigen Tarnung einmal ganz abgesehen, oberirdische Bauten wenig praktikabel sind, sollten die von der Dritten Macht auf dem Mars errichteten Anlagen die Gestalt eines weitläufigen Tunnelsystems haben. Darauf deuten unter anderem die im Jahr 2007 entdeckten rätselhaften Löcher auf der Marsoberfläche hin, deren Schächte senkrecht ins Marsinnere führen und sie aus meiner Sicht mit ihren Durchmessern von 100 bis 250 Metern besonders gut als Passagen für aus dem Untergrund aufsteigende Flugobjekte geeignet erscheinen lassen. »Große Teile des Mars müssen von Höhlen geradezu wie ein Schweizer Käse durchlöchert sein«, sind sich manche Experten sicher. (1) Diese Lavaröhren können dann durch die Dritte Macht mit der noch vor dem Ende des zweiten Weltkrieges entwickelten Technologie zum Bau unterirdischer Produktionsstätten zusammengeführt, erweitert und mit der entsprechenden Inneneinrichtung versehen worden sein.
- Über ausgedehnte Tunnelbauten auf einem Planeten, dessen Oberfläche als wüstenähnlich beschrieben wird, berichten uns auch einige der von UFO-Entführungen Betroffenen.

- Warum es sich dabei ausgerechnet um den Mars gehandelt haben soll? Nun, weil die Rotfärbung des Himmels über diesem Planten als ein besonderes Charakteristikum herausgehoben wird. Ursächlich für diesen Effekt ist die Streuung des Sonnenlichtes am feinen Staub der Mars-Atmoshäre. (2)
- Auffällig ist auch der gegenüber der Erde dreimal so hohe Anteil des Elementes Xenon 129 in der Mars-Atmoshäre, das als Folge radioaktiver Zerfallsprozesse bei Kernspaltungen entsteht. In meinem Szenario sind von der Dritten Macht durchgeführte Atomversuche natürlich nicht auszuschließen. (2)
- Ein besonders starkes Argument für Eingriffe einer fremden Macht auf dem Mars stellt die ungewöhnlich hohe Zahl in der letzten Flugphase oder während der Landung gescheiterter Marsmissionen dar, ganz im Unterschied übrigens zu den vielen störungsfrei verlaufenen Flügen zu den anderen Planeten unseres Sonnensystems. Fast scheint es so, als hätte jemand über einen längeren Zeitraum kein Interesse daran gehabt, seine Unternehmungen auf dem Mars auskundschaften zu lassen. Zwischen 1976 und 1997 konnte keine einzige erfolgreiche Mars-Annäherung durchgeführt werden. Spätestens seit dem Jahr 1980, in dem der letzte Kontakt mit dem Orbiter »Viking 1« stattgefunden hatte, blieben wir über 17 Jahre blind für alles, was auf dem Mars vorgegangen ist. Zumindest bei der russischen Sonde »Phobos 2« und der ESA-Mission »Beagle 2« deuten die Umstände ihres Absturzes klar auf den Zusammenstoß mit einem unbekannten Objekt hin. (2)
- Trotzdem zu erwarten wäre, dass die von der Dritten Macht auf dem Mars errichteten Anlagen unterirdisch angelegt worden sind, ist auch die Beobachtung ungewöhnlicher Oberflächenstrukturen nicht gänzlich auszuschließen. Und tatsächlich wurden besonders von den »Viking-Sonden«, die den Mars im Jahr 1976 erreichten, eine Reihe seltsamer Strukturen aufgenommen, darunter das bekannte »Mars-Gesicht«. Mit Hilfe der Fraktal-Analyse konnte die künstliche Entstehung einiger der fraglichen Objekte nachgewiesen werden. 20 Jahre später waren die Gebilde auf den Aufnahmen des »Mars Global Surveyor« nicht mehr so eindeutig als künstliche Formationen zu erkennen, als hätte in den zu-

rückliegenden Jahren ein Rückbau der Anlagen stattgefunden. Die Analyse der später aufgenommenen Bilder scheint zu bestätigen, dass anscheinend aus Gründen der Tarnung zerstörerische Mittel zum Einsatz gekommen sind. (1) Ihren Zweck haben diese Monumente trotzdem erfüllt. Im Rahmen einer von der Dritten Macht betriebenen Konditionierungsstrategie, wie wir sie auch vom UFO-Phänomen kennen, konnte die Tatsache, dass auf dem Mars nicht alles mit rechten Dingen zugeht, tief im Unterbewusstsein der Menschen verankert werden.

- Seit dem Jahr 2005 ist bekannt, dass sich auf dem Mars dramatische klimatische Veränderungen abspielen. Die Kommentare der Wissenschaftler zeigen deren völliges Unverständnis der beobachteten Wetterphänomene: »Das Tempo, mit dem sich die polaren Bereiche zurückziehen, ist absolut erstaunlich … Weshalb der Mars aber heute wärmer ist als noch vor kurzem, ist völlig unklar … Wir haben absolut keine Ahnung.« (2) Terraforming, die künstliche Umwandlung einer ansonsten der Entwicklung höheren Lebens wenig zuträglichen Biosphäre, scheint mir die beste Erklärung dafür zu sein.
- Das gleichfalls im Jahr 2005 entdeckte Vorkommen großer Mengen von Formaldehyd, einem Zerfallsprodukt von Methan, in der Atmosphäre des Mars gilt als wichtiges Indiz für die Existenz von Leben auf diesem Planeten. »Das Gas ist extrem flüchtig, könne sich nicht länger als 7,5 Stunden halten und müsse deshalb ständig nachproduziert werden«, ließ der italienische Planetenforscher Vittorio Formisano verlauten. (1)
- Damit sind wir bei der Existenz von Methan in der Mars-Atmosphäre angelangt, das im Jahr 2004 dort erstmalig nachgewiesen werden konnte. Das übel riechende Fäulnis-Gas entsteht vor allem bei biologischen Prozessen und ist als Treibhausgas in den letzten Jahren in die Schlagzeilen geraten. Methan entsteht auch bei geologischen Prozessen im Zusammenhang mit Vulkanismus, die nach unserer Kenntnis auf dem Mars jedoch schon vor vier Millionen Jahren zum Erliegen gekommen sind. Die Lebenszeit von Methan auf dem Mars liegt bei maximal 300 Jahren, was den Vulkanismus als Entstehungsursache definitiv ausschließt. Der Ver-

> dacht fiel auch auf Meteoriten, die beim Eintritt in die Marsatmosphäre große Hitze produzieren, welche wiederum chemische Reaktionen hervorruft, die neben anderen Gasen auch Methan entstehen lassen. »Nicht mehr als zehn Kilogramm Methan könnten die Geschosse jährlich hinterlassen, so rechneten die Wissenschaftler aus. Doch tatsächlich entstehen auf dem Planeten Jahr für Jahr bis zu 300 Tonnen Methan – so viel, wie tausend Rinder auf der Erde täglich ausdünsten. Wer sie verursacht? Die Forscher haben keine Idee. Das Methan konzentriert sich an drei Stellen des Mars. Warum? Das weiß man nicht.« (66) Sämtliche Stellen liegen nahezu auf einer Linie und befinden sich in den Regionen Tharsis, Arabia Terrae und Elysium auf der Nordhalbkugel des Planten. Gerade weil das Gas aus wenigen separaten Quellen strömt, scheint mir meine Hypothese, dass die Dritte Macht seit Jahren in eingeschränktem Maße vom Mars Besitz ergriffen hat und dort bestimmten Aktivitäten in unterirdischen Anlagen nachgeht, nicht zu weit hergeholt. Interessanterweise sind in den genannten Gebieten auch die oben erwähnten rätselhaften Löcher entdeckt worden.

Jährlich entstehen auf dem Mars also zwischen 100 und 300 Tonnen Methan. (67) Unterstellen wir, dieser Ausstoß wäre auf die Verdauungsprozesse des im Auftrag der Dritten Macht auf diesem Planeten operierenden Personals zurückzuführen. Wenn sich der tägliche Methanausstoß eines Menschen ermitteln ließe, müsste es doch ein Leichtes sein, die durchschnittliche Personalstärke der Mars-Besatzung zu berechnen. Leider sind die wissenschaftlichen Erkenntnisse in diesem Punkt nicht ganz eindeutig. In manchen medizinischen Fachartikeln wird von zwei bis drei Litern täglich vom Menschen produzierter Gase ausgegangen. Andere Beiträge sprechen von erheblich größeren Quantitäten. Rund zehn Liter Wasserstoff und fünf Liter Methan sollen die Bakterien im menschlichen Verdauungskanal täglich herstellen. Dutzende Liter sollen möglich sein, wenn die Mikroben besonders fleißig sind. (68) Gehen wir von einer durchschnittlichen Aktivität dieser Kleinstlebewesen aus und dass ein Mensch in diesem Fall täglich fünf Liter Methan produziert. Nehmen wir jetzt den mittleren Wert des auf dem Mars jährlich neu entstehenden Methans, also 150 Tonnen, als weitere Rechengröße an. Die Dichte von Methan beträgt 0,72 Gramm pro Liter.

Rechnen wir jetzt: Ein Mensch stößt demnach pro Tag 3,6 Gramm Methan aus, im Jahr also 1,314 Kilogramm. Werden die 150.000 Kilogramm des jährlich auf dem Mars produzierten Methans durch diese Größe geteilt, erhält man die Zahl 114.155. Unter der Voraussetzung, dass in den künstlich beleuchteten unterirdischen Anlagen keine Viehzucht betrieben, sondern aus Effizienzgründen nur pflanzliche Nahrung angebaut wird (maximale Ausnutzung der verfügbaren Fläche, zur Erzeugung einer tierischen Kalorie werden sieben pflanzliche Kalorien benötigt), bedeutet das eine Marsbesatzung in der Größenordnung von etwa 100.000 Menschen. Das ist die definierte Mindesteinwohnerzahl einer Großstadt. Verteilt auf die drei Siedlungsplätze, denen das Methan entströmt, bestätigt das meine vor Jahren getroffene Annahme, dass die Dritte Macht den Planten Mars in den 50 Jahren, die laut Narciso Genovese seit der ersten bemannten Marsexpedition vergangen sind, bisher nur in sehr eingeschränktem Umfang kolonisiert hat.

Die Frage, woher selbst diese ca. 100.000 Menschen kommen, kann leicht beantwortet werden. Endlich wissen wir, wo der größte Teil der in den letzten Jahrzehnten gezeugten »Hybriden« geblieben ist, über die uns die UFO-Entführungsopfer berichtet haben. Im meinen Büchern hatte ich wiederholt auf die entscheidende Bedeutung dieses Zuchtprogramms hingewiesen, bei dem mittels Genmanipulation Wesen geschaffen wurden, die über die Charakteristika der bevorzugten nordischen Rasse verfügen. Einigen der Entführten sind Räumlichkeiten gezeigt worden, die als Brutstätten dienten und Hunderte Embryonen enthielten. (69)

Um die Methan-Anomalie auf dem Mars genauer untersuchen zu können, soll im Jahr 2016 der »Exo Mars Trace Gas Orbiter«, ein Gemeinschaftsprojekt von NASA und ESA, gestartet werden. »Der neue Spurengas-Sucher soll nun mit fünf Messapparaturen (zwei Spektrometer, ein Infrarot-Radiometer, zwei Spezialkameras) helfen, die offenen Fragen zu klären. Dabei hofft man auch, mithilfe der Spektrometer und Kameras jene Orte oder geologischen Formationen genau bestimmen zu können, an denen sich Methan bildet oder aus der Marsoberfläche austritt.« (66) Sollte die Dritte Macht dann immer noch ihre

Politik der strikten Geheimhaltung praktizieren, ist der Verlust der Sonde wohl schon heute vorprogrammiert.

3.5. Die Wächter sind unter uns!

Ich komme noch einmal zurück auf die Aussagen von »X«. (22) Wir verdanken ihm nicht nur Informationen, welche die Existenz des Projektes »Die Glocke« bestätigen. Darüber hinaus liefert »X« weitere Hinweise, die uns im Kontext der Entwicklung von Hochtechnologie im Dritten Reich und ihrer Sicherstellung bzw. Evakuierung im Rahmen der Absetzbewegung zum Ende des Krieges interessante Aufschlüsse vermitteln.

Über die Rolle von SS-Obergruppenführer Hans Kammler können wir Folgendes erfahren:

» ... aber Himmler konnte in diesen Wochen Kammler eigentlich nur noch um etwas bitten. Der lebte schon abgehoben, war dem Führer persönlich Rechenschaft schuldig, also eigentlich war er Himmler nur noch formal unterstellt ... Himmler hat manchmal gezögert, Kammler auch noch dies und das zu übertragen, weil es einfach zu viel wurde, der Führer sah es aber anders und seit Februar/März 1945 war eigentlich Kammler der Einzige, der über alle Projekte immer voll im Bild war und der auch bei denen die Hand drauf hatte.« Dann bezüglich Kammler die entscheidende Aussage: »Der hatte eine ganze Menge vorbereitet und war auch fest entschlossen, unsere politische (!; der Autor) Überlebensfähigkeit zu sichern. Wie das geschehen sollte, ist mir nicht ganz klar geworden. Jedenfalls ist er dann plötzlich verschwunden, und mit ihm sind auch die Informationen über unsere Sonderprojekte von der Bildfläche verschwunden. Dazu wäre schon noch etwas zu sagen. Wenn Sie seinen Tod am 09.05.1945 ansprechen, kann ich Ihnen nur dringend raten, nicht an Märchen zu glauben.«

Von welchen »Sonderprojekten« ist die Rede?

»Nach meiner Erinnerung gab es unter unserer Kontrolle 1944 acht Anlagen (gemeint sind Anlagen zusätzlich zu denen in Thüringen, die unter der Kontrolle der SS standen; der Autor), in denen jeweils an unterschiedlichen Projekten gearbeitet wurde. Nur zwei davon waren oberirdisch, alle anderen befanden sich in Bergwerken oder sonstigen künstlichen Anlagen. Die waren nicht alle so groß wie das, was Sie in Thüringen interessiert. ›Riese‹ ist vergleichbar, das ist ja auch nicht fertig geworden. ›Rüdiger‹ von seiner Bedeutung, aber nicht von der Größe, dann ›Amt 2000‹, das hat die Reichspost in Verbindung mit uns errichtet, dann zwei Anlagen im Protektorat und im Sudetenland. **Eine ist heute noch völlig intakt.** Außerdem sind in Österreich drei Anlagen in Betrieb gewesen, die an fortschrittlichster Technik für den ›Endsieg‹ unter unserer Kontrolle arbeiteten.«

Und weiter: »In Thüringen … ist bis zum Schluss an fortschrittlichsten Technologien gearbeitet worden … Ich kann sagen, es gab eine größere Anzahl Anlagen dort und teilweise waren sie sehr groß.«

Zur Absetzbewegung kommt nur ein kurzer Hinweis: »Aber sie (die Alliierten; der Autor) haben nicht alles erbeutet, weil wir entschiedene Maßnahmen ergriffen hatten, um einiges vor ihren Augen verschwinden zu lassen.«

Parallel zu den Evakuierungsmaßnahmen wurde gerade in Thüringen, anscheinend wegen des unerwartet schnellen Vordringens der amerikanischen Truppen unter dem Kommando von General Patton, eine Reihe von Anlagen »versiegelt«. Die Quelle »X« äußert sich dazu wie folgt: »Im März 1945 ist Befehl gegeben worden, Forschungsunterlagen zu sichern. Nach dem, was mir bekannt ist, sind die auch heute noch in der Nähe einer unserer Forschungseinrichtungen sicher verwahrt … Nach dem Krieg haben die Sieger vieles erfahren … An bestimmte Anlagen sind sie aber nicht herangekommen … Produktionsmaschinen und die Entwicklungslabors sind nach meiner Kenntnis zum größten Teil nicht entdeckt oder nicht geräumt worden. Das war später bei den Russen ganz anders … In die besonders wichtigen Anlagen sind sie aber auch nicht reingekommen … Außerdem gibt es Anlagen, die so vorbereitet sind, dass nach menschlichem Ermessen keiner mehr zurückkommt. Ich weiß nicht, ob das heute noch funktionieren würde, wahrscheinlich aber doch … da musste ich mit Kammler Kontakt aufnehmen wegen einer Kampfstoff-Verlagerung … dass Kammler etwas bekommen sollte … um bestimmte Einrichtungen im Fall des Falles abzusichern … Jedenfalls ist es auch heute sehr gefährlich, in solche Anlagen reinzugehen … Natürlich konnten wir vor Kriegsende gar nicht alle Anlagen so sorgfältig absichern, wie wir das wollten. Bei allen besonders wichtigen ist das aber geschehen.«

Kommen wir zum entscheidenden Punkt:

Nicht dass eine bestimmte Anzahl zum Teil völlig intakter, nach dem Krieg von den Alliierten nicht entdeckter unterirdischer Anlagen existiert, nicht dass in diesen Forschungsunterlagen, Prototypen und errichtete Fertigungsprozesse für die Herstellung von Hochtechnologie ihrer Entdeckung harren, stellt die eigentliche Sensation in den Aussagen von »X« dar. Viel wichtiger ist etwas anderes. Bezüglich gewisser, von den Alliierten nach Kriegsende akribisch gesuchter Projekte sagt »X«: »Sie haben es aber nicht gefunden, wie unsere Leute feststellten.« Oder: »Manche dieser Anlagen sind noch lange nach dem Krieg trocken gewesen. Das weiß ich mit Bestimmtheit.«

Was heißt das? Zum einen, dass diese »versiegelten«, teilweise mit Giftgas-Fallen gesicherten Einrichtungen über sichere, nur Eingeweihten bekannte Zugänge betreten werden können. **Und andererseits existieren sie tatsächlich – die Wächter!** Als solche bezeichne ich die Beauftragten der Dritten Macht, die für die Überwachung und eventuell sogar für die Wartung bestimmter unterirdischer Anlagen zuständig sind. Sie dürften der ortsansässigen Bevölkerung zuzurechnen sein, und das schon in der zweiten oder dritten Generation.

Für die Kontaktanbahnung mit der Dritten Macht, wie sie mit dem Projekt »Aufbruch zum Tamacuari« beabsichtigt ist, gibt es demnach noch eine Alternative – die Verbindungsaufnahme mit den Wächtern. Vielleicht fühlt sich durch diese Zeilen jemand angesprochen …

4.

Ein frischer, fröhlicher Feldzug

Ich bin von Natur ein eher nachdenklicher Mensch, der nicht jeden Witz zum Anlass nimmt, um in tosendes Gelächter auszubrechen. Hat mich der Schalk des Narren jedoch erst einmal gepackt, komme ich nicht so schnell wieder zur Ruhe. Dann fließen gern und reichlich die Tränen des Übermuts.

Kaum beherrschen konnte ich mich oftmals beim Lesen der Bücher zweier bekannter amerikanischer Autoren, die sich hin und wieder mit ihren Publikationen auf mein ureigenstes Gebiet vorgewagt hatten. Das jedoch nicht, wie mancher Leser jetzt voreilig schlussfolgern könnte, aus lauter Freude darüber, dass von anderer Seite meine Ansichten eine wohl fundierte Unterstützung bekommen hätten. Ganz im Gegenteil, dieser Verlust an Selbstbeherrschung war eher dem Umstand geschuldet, dass ich selten zuvor auf wenigen Seiten zusammengedrängt einen derartigen Wust an Unsinn vorgeführt bekam. Wenn Gilbert Sternhoff mit seinem Dritte-Macht-Thema von manchen schon als Verschwörungstheoretiker bezeichnet wird, dann haben wir es bei Jim Marrs und Joseph P. Farrell mit Super-Super-Verschwörungstheoretikern zu tun. Der Erfolg spricht für sie, die Masse sieht es gern, wenn ihr in Zeiten, da den offiziellen Nachrichtenkanälen zu Recht ein immer größeres Misstrauen entgegengebracht wird, eine scheinbar unabhängige Quelle das große Gesamtbild präsentiert. Die Spannung angesichts dieser Lektüre steigt, nur wird die vorgenommene Verknüpfung vielfältiger Sensationsthemen, die tatsächlich nichts miteinander zu tun haben, damit um keinen Deut plausibler.

Die große Linie führt dann von der Flucht Hitlers über die von Martin Bormann direkt zur amerikanischen Großindustrie, deren Marionetten diese beiden von Beginn an sowieso nur gewesen sind, weiter auf der »Rattenlinie« ins Exil nach Südamerika – der Heilige Gral wird dabei selbstredend nicht zurückgelassen – gefolgt von »Paperclip«, das nicht mehr und nicht weniger ist als die direkte Abkürzung ins Vierte Reich. Opponenten am Wegesrand wie Präsident Kennedy werden beseitigt, nicht zu vergessen sind die hochbrisanten Implikationen aus Roswell, Majestic 12, dem Einfluss von Skull & Bones, Bilderbergern und anderen Geheimgesellschaften sowie dem »verborgenen« Weltraumprogramm. Mit Sicherheit habe ich bei dieser Aufzählung andere gewichtige Einflussfaktoren vergessen. Das ist von meiner Seite pure Absicht, will ich den Leser doch nicht weiter verwirren, sondern ihn aus diesem Sumpf von Irreführungen, Lügen und Halbwahrheiten wieder herausziehen.

Den genannten Autoren auf ihrem Weg in dieses Dickicht zu folgen, kann für den, der mit den Fakten vertraut ist, eine lustige Angelegenheit sein, und deswegen können solche Bücher auch guten Gewissens empfohlen werden. Irgendwie sind sie ein Spiegelbild unserer Zeit – kurzlebig, oberflächlich, sensationshungrig, dem Trend eines sichtlich abnehmenden durchschnittlichen IQ gehorsam vorauseilend. So, der Spaß sei vorerst zurückgestellt.

Ich hatte versprochen, einen frischen, fröhlichen Feldzug zu führen. Ein solcher beinhaltet auch eine kriegerische Komponente. Wogegen richtet sich mein Angriff?

In der Projektbeschreibung am Anfang dieses Buches hatte ich die Verantwortung herausgestellt, die eine öffentliche Behandlung des Themas Dritte Macht mit sich bringt. Wir stehen vor einer Zeitenwende, von der die allerwenigsten Menschen auf diesem Planeten auch nur die leiseste Ahnung haben. Widerstand gegen die sich anbahnende Entwicklung zu leisten, scheint mir aufgrund der offensichtlichen Überlegenheit der Dritten Macht, die sich aus ihrer konsequent verfolgten, brillanten Langfriststrategie und aus der erreichten wissenschaftlich-technischen Dominanz ergibt, wenig sinnvoll zu sein. Möglich ist dagegen, etwas Unruhe in ihre Ablaufplanung zu bringen, und vor allem können die vom Wendeszenario besonders betroffenen Bevölkerungsgruppen mental auf die anstehenden Umwälzungen vorbereitet werden. Ja, teilweise können diese den anstehenden Veränderungen sogar noch zuvorkommen. Siehe hierzu mehr im nächsten Kapitel. Das alles funktioniert nicht, wenn in unverantwortlicher Weise das Thema massenwirksam in einen völlig falschen Kontext gestellt wird, wie das durch die Publikationen von Marrs und Farrell geschieht. Ohne Zweifel kommen deren »Kompendien des Unsinns«, wenn sie unkritisch aufgenommen werden, im Vergleich zum bezüglich der Dritten Macht schon erreichten Forschungsstand einem Rückschritt gleich. Dagegen will ich ankämpfen.

Ich werde im Folgenden nicht jedes Scheinargument der beiden Herren zu widerlegen haben. Ich greife lediglich das heraus, was in direktem Zusammenhang mit meinem Thema steht. Da eine besondere »Stärke« dieser Autoren darin besteht, hemmungslos ganze Passagen aus anderen Veröffentlichungen abzuschreiben und kritiklos aneinanderzureihen, werde ich außerdem versuchen, die trotz alledem vorhandende Originalität in ihren grundlegenden Gedankengängen herauszuarbeiten. Gehen wir vergnügt an die Arbeit und beginnen mit:

Jim Marrs

Vorangestellt sei dessen Kerngedanke: »Die Deutschen haben den 2. Weltkrieg verloren – aber nicht die Nazis. Diese wurden lediglich gezwungen, ihren Standort zu wechseln ... Viele von ihnen kamen in die Vereinigten Staaten ... Sie entkamen mit der in ganz Europa zusammengeraubten Beute sowie mit der Raketentechnologie und einer unbekannten, exotischen Technologie ... Mithilfe der Kreise, die dem Nationalsozialismus erst zur Macht verholfen hatten (Männer der amerikanischen Wirtschafts- und Finanzelite; der Autor), brachten die Nazis ihre Wissenschaft und ihre Ideologie nach dem 2. Weltkrieg in die Vereinigten Staaten. Ihre Pläne entsprachen denen der bayerischen Illuminaten ... Aus dem Samen des Nazismus, der während des Kalten Krieges in Amerika ausgesät wurde, ist eine völlig neue Nation hervorgegangen ... **Zu Beginn des dritten Jahrtausends ist diese einst demokratische Nation nach allen Kriterien zu einem nationalsozialistischen Reich geworden, zu einem Land, das den Vorstellungen der ›Gründerväter‹ des Dritten Reiches entspricht – zu einem Vierten Reich.«** (70)

Die USA als Viertes Reich, als Analogon der Dritten Macht! Diese von Marrs gestiftete Identität kommt der Aufforderung gleich, die Suche auf den Spuren der Dritten Macht, so wie wir sie verstehen, abzubrechen. Wem nutzt eine derartige Verschleierungstaktik wohl am meisten? Jener kleinen Gruppe, die von der Existenz der Dritten Macht weiß, jedoch hofft, noch möglichst lange nach ihrer eigenen Agenda verfahren zu können. Ich will Jim Marrs bei dieser Vorgehensweise keine Absicht unterstellen. Er weiß es einfach nicht besser.

Weder hat dieser amerikanische Autor die Reichsidee verstanden, noch begriffen, dass der Rassegedanke, das Bekenntnis zur Überlegenheit der so genannten nordischen Rasse, das Non plus ultra des Nationalsozialismus ist. In den USA von heute deutet nichts, aber rein gar nichts darauf hin, dass diesem Rassismus im öffentlichen Leben auch nur die geringste Bedeutung zukommt. Ganz im Gegenteil. Das Land wird von seinem ersten schwarzen Präsidenten regiert. Und über die tatsächlichen Strippenzieher hinter den Kulissen dieser Weltmacht haben uns andere besser informiert. Dieses Thema ist jedoch nicht Gegenstand des vorliegenden Buches.

Gehen wir im Schnelldurchgang durch das Sammelsurium kennzeichnender Verrücktheiten, wie sie vor allem in dem Buch »Der Aufstieg des Vierten Reiches« nachzulesen sind (70):

Hitler hat den Krieg überlebt – Marrs billigt diesem Gedanken eine gewisse Wahrscheinlichkeit zu. Seiner Meinung nach hat ein Doppelgänger in den letzten Kriegstagen von der Reichskanzlei aus die Amtsgeschäfte geleitet. Ein Gedanke, der bei mir und allen, die mit Hitlers Gesundheitszustand in der fraglichen Zeit vertraut sind, nur für Erheiterung sorgen kann. Demnach muss dieser Doppelgänger ein brillanter Schauspieler gewesen sein! Ohne Verdacht zu erregen, konnte er wie das Original das Bein nachziehen, mit zitternden Armen, wackelndem Kopf, stierem Blick und adaptierter Fachkenntnis allen hochrangigen Politikern und Militärs im Führerbunker etwas vormachen. Wer darüber nachdenkt … aber Jim Marrs will gar nicht nachdenken, ihm geht es nicht um die Wahrheit, sondern um die gut verkäufliche Sensation. Aus aktuellem Anlass sei darauf hingewiesen, dass auch andere versuchen, aus einem vermeintlich das Kriegsende überlebenden Hitler klingende Münze zu schlagen. Im Sommer 2011 veröffentlichte das Autorenduo Abel Basti und Jan van Helsing ihr Buch »Hitler überlebte in Argentinien«. (71) Neben den schon aus der spanischsprachigen Ausgabe des Buches von Basti bekannten, interessanten Details über die nach dem 8. Mai 1945 erfolgte Anlandung deutscher U-Boote an den Küsten Argentiniens liefern die Autoren gerade zum Verbleib Hitlers nichts Substanzielles, also weder Fotos noch nachweislich echte Dokumente, sondern nur Zeugenaussagen, einige davon noch aus dritter Hand. Zeugenaussagen sind nun einmal bekanntermaßen das schwächste Glied in der juristischen Beweiskette.

Ähnlich verhält es sich auch bei der von Jim Marrs wieder aufgewärmten Geschichte vom **Überleben Martin Bormanns**, obwohl dessen Tod gleich doppelt bestätigt worden ist. Die sterblichen Überreste des Reichsleiters wurden 1972 in Berlin exakt an der gleichen Stelle gefunden, die der ehemalige Reichsjugendführer Arthur Axmann nach dem Krieg bezeichnet hatte, und mit Hilfe seines Zahnschemas eindeutig identifiziert. Endgültigen Aufschluss über seinen Tod gab die später durchgeführte mitochondriale DNA-Analyse. (2, 72) Basti und van Helsing versteigen sich sogar zur Theorie, wonach der Reichsleiter nach seinem natürlichen Ableben in Südamerika zurück nach Berlin gebracht und dort vergraben worden sei. Das Kunststück, den toten Bormann genau neben den nach der Aussage von Axmann mit ihm gemeinsam ums Leben gekommenen SS-Arzt Stumpfegger zu legen, dessen Liegeplatz unter vielen anderen Toten zum Zeitpunkt der behaupteten Überführung Bormanns noch unbekannt war, muss ihnen erst einmal jemand nachmachen. (72) Weder Hitler noch Bormann können deshalb nach dem Krieg die Führung einer NS-Nachfolgeorganisation übernommen und für gute Beziehungen zu den die USA regierenden »globalen Wirtschaftsfaschisten« oder »faschistischen Globalisten«, wie Marrs sie bezeichnet, gesorgt haben.

Die behauptete **Symbiose zwischen Nationalsozialismus und amerikanischer Großindustrie** hätte ihren Ursprung schon in den 20er und 30er Jahres des letzten Jahrhunderts gehabt. Ohne die gezielte finanzielle Förderung durch einflussreiche amerikanische Wirtschaftskreise wäre der Aufstieg Hitlers und seiner NSDAP niemals möglich geworden. Diese Behauptungen basieren sämtlich auf Gerüchten, die durch die entsprechenden Fachwissenschaftler längst als widerlegt gelten können. Wer das immer noch nicht wahrhaben will, der studiere das Grundlagenwerk von Henry A. Turner »Die Großunternehmer und der Aufstieg Hitlers«. (73) Zitat: »Die Diskussion über die finanzielle Unterstützung der Nationalsozialisten durch die Großindustrie ist gewöhnlich von der falschen Voraussetzung ausgegangen, dass die NSDAP, wie die bürgerlichen Parteien der Weimarer Republik, auf die Unterstützung durch große Geldgeber angewiesen war. Dies war schlichtweg nicht der Fall. Genau wie es die Führer der Nationalsozialisten damals proklamierten, finanzierte sich ihre Partei sehr geschickt aus eigener Kraft, zumindest bis zum Herbst 1932.« Zu diesem Zeitpunkt war die Nazipartei schon die mit Abstand stärkste Partei im deutschen Parteienspektrum. Wenige Wochen später verfügte sie über nahezu unumschränkte Macht und hatte eine Hilfe, von wem auch immer, nicht mehr nötig.

Geradezu verbrecherisch dumm muten die Ansichten des von Marrs häufig zitierten Antony C. Sutton an, der in seinem 1976 erschienenen Buch »Wall Street and the Rise of Hitler« sogar jüdische Finanziers für den Aufstieg ihres Todfeindes verantwortlich machen wollte. Bei dem immer wieder gern angeführten »Warburg-Bericht«, der diese Tatsache belegen soll, handelt es sich zweifelsfrei um eine Fälschung. Diese Tatsache ist spätestens seit 1954 bekannt, als von wissenschaftlicher Seite in den »Vierteljahresheften für Zeitgeschichte« die scheinbaren Belege akribisch geprüft worden sind. (74, hier auch einige das Thema betreffende Links)

Über die Zwänge, die auf deutschem Boden agierende Tochterunternehmen von US-Konzernen zwischen 1933 und 1945 ausgesetzt waren, gibt am Beispiel der Opel AG die detaillierte Studie des oben schon erwähnten Henry A. Turner unter dem Titel »General Motors und die Nazis« erschöpfend Auskunft. (75) Auf einen Nenner gebracht: Formaljuristisch wurde der Schein bestehender Eigentumsverhältnisse gewahrt, die operativen Unternehmensentscheidungen wurden jedoch in Deutschland gefällt. Wie gesagt, das vorliegende Buch hat ein anderes Schwerpunktthema. Wer nicht länger »alten Mythen« aufsitzen will, dem kann nur empfohlen werden, selbst einmal einen Blick in die angeführte Literatur zu werfen.

Dass die Nazis auch nach 1933 sich keinesfalls als Handlanger internationaler Großkonzerne und der hinter ihnen stehenden Hochfinanz betätigten, lässt sich an der von ihnen praktizierten Wirtschaftspolitik erkennen. Die komplette Annullierung der finanziellen Verpflichtungen aus dem Versailler Vertrag und seinen Nachfolgeverträgen, die forcierten Autarkiebestrebungen, die Clearing-Abkommen mit vielen deutschen Handelspartnern sowie die über das Steuerrecht erzwungene Stärkung der Eigenkapitalbasis der Unternehmen, die die Großbanken bis Kriegsbeginn zu einem Schattendasein verdammte, zeigen vielmehr eines: Hier haben wir es mit unversöhnlichen Gegnern zu tun. An dieser Todfeindschaft hat sich auch nach dem Ende des Krieges nichts geändert. Jim Marrs stellt in diesem Punkt die Verhältnisse geradezu auf den Kopf.

Mein Anliegen ist es, das für Jim Marrs Typische herauszuarbeiten. Aus dem, was er darüber hinaus von anderen kritiklos abgeschrieben hat, gäbe es sicherlich noch die eine oder andere »Perle« an Land zu ziehen. Wenn ich nur daran denke, dass der »Heilige Gral« maßgeblich zum Überleben der Nachkriegsnazis beigetragen haben soll, dass »die amerikanischen Raketenwissenschaftler« laut Jim Marrs »angewiesen wurden, abzuwarten, bis ihre sowjetischen Kollegen mit ihrer Technologie gleichziehen würden«, und dass – hier ist dann wohl der Gipfel erreicht – die Nazis den Sexismus in der Gesellschaft gefördert hätten … lassen wir es dabei bewenden und lachen zum Abschied noch einmal. Denn Friedrich Nietzsche hat ganz richtig festgestellt: Lachen tötet!

Joseph P. Farrell

Auch Farrell hat sich an vielen der Themen versucht, die schon Jim Marrs in sein aberwitziges Beziehungsgeflecht integriert hat. Von daher gilt alles dazu bisher Gesagte auch für diesen amerikanischen Autor. Farrell möchte ich aus einem anderen Grund meine besondere Aufmerksamkeit zuteil werden lassen. Er tangiert in zweien seiner Bücher das Thema Dritte Macht, indem er eine direkte Verbindung herstellt zwischen den wohl bekanntesten »UFO-Abstürzen«, denen von Roswell und Kecksburg, sowie den von ihm so bezeichneten Nazi-Flugscheiben. (76, 77) Kein Thema wäre auch besser geeignet, wie man gleich sehen wird, die Arbeitsweise Joseph P. Farrells näher zu beleuchten.

Im Vordergrund steht zu Beginn die Überprüfung der Behauptung, ob an den genannten Orten tatsächlich ein unbekanntes Flugobjekt havariert ist. Sollte dies der Fall gewesen sein, drängt sich als zweite Frage die nach den Urhebern dieser Spitzentechnologie auf. Frage 1 wird von Farrell bedingungslos bejaht, bei der Antwort auf Frage 2 beginnt er, seine eigentliche Originalität zu entfalten. Im Unterschied zur großen Anzahl anderer Autoren, die sich mit dem UFO-Crash von Roswell auseinandergesetzt haben, gelangt er zu der Schlussfolgerung, dass nicht Außerirdische, sondern Deutsche dieses UFO geschaffen haben. Und weil das im Dezember 1965 angeblich bei Kecksburg abgestürzte Objekt glockenförmig gewesen sein soll, unterstellt er in Anlehnung an das Projekt »Die Glocke« auch für dieses eine deutsche Urheberschaft. In der Zusammenfassung zu Farrells Buch »Reich of the Black Sun« liest sich das wie folgt: »Der Zwischenfall von Kecksburg legt die haarsträubende Möglichkeit nahe, dass SS-Obergruppenführer Hans Kammlers ›Glocke‹ samt dazugehörigem SS-Geheimwaffen Sonderkommando den Krieg unversehrt überlebt und sich im streng geheimen, weitverzweigten Labyrinth der schwarzen Projekte Amerikas ungehindert fortgepflanzt haben könnte.« (76) Damit unterstellt er

Kammler und seinen Gefolgsleuten nach dem 2. Weltkrieg zwar ein gewisses Eigenleben, nimmt aber an, dass sich dieses unter der Kontrolle des amerikanischen militärisch-industriellen-Komplexes abgespielt hat. Sechs Jahre später, im Buch »Roswell and the Reich«, ist davon nicht mehr die Rede. Nunmehr beginnt er – nach meinem Dafürhalten reichlich spät – der Theorie zu huldigen, wonach die Nazis nach dem Krieg in der Antarktis ihr Refugium gefunden hätten. In »Die Zukunft hat längst begonnen« wurden von mir die entscheidenden Argumente zusammengetragen, welche diese Option nicht in das Reich der Schwarzen Sonne, sondern vielmehr in das Reich der Legenden verwiesen haben.

Was war für Farrell der Auslöser, um der von den Crash-Gläubigen bis dahin favorisierten ET-Theorie seine eigene Auffassung entgegenzustellen? Allem Anschein nach muss es sich dabei um das 1997 erschienene Buch »The Day after Roswell« gehandelt haben. Dessen Autor, der sich damals schon im Ruhestand befindende Colonel Philip J. Corso, wird von Farrell zu Beginn des von ihm mit »Roswell: ›ET-Mythos‹ versus ›Nazi-Legende‹: Aus den Akten von MJ-12« überschriebenen Kapitels wie folgt zitiert: »Schlimmer noch, die Tatsache, dass dieses Flugobjekt und andere fliegende Untertassen unsere Verteidigungsanlagen überwacht hatten und obendrein von einer Technologie zu zeugen schienen, die wir von den Nazis kannten, brachte das Militär zu der Annahme, dass diese fliegenden Untertassen feindliche Absichten hatten … Zumindest hatte Twining gesagt, sah das halbmondförmige Flugzeug den deutschen Horten-Nurflüglern, die unsere Piloten gegen Ende des Krieges gesehen hatten, so unangenehm ähnlich, dass er vermuten musste, die Deutschen seien auf etwas gestoßen, worüber wir nichts wussten.« (76) Wenn sich auch Corso in seinem Buch als nachdrücklicher Vertreter der Theorie erweist, die den außerirdischen Ursprung des bei Roswell abgestürzten UFOs behauptet, so glaubt Farrell in diesem Punkt an eine absichtliche Desinformation durch den Colonel, an eine der Vertuschung dienende Auftragsarbeit. (77)

Der Fehler Farrells beim Einstieg in seine Nazi-Roswell-Connection liegt darin, Corso überhaupt in einem Punkt ernst zu nehmen. Dieser ehemalige Geheimdienstoffizier ist in allem, was er zum UFO-Crash von Roswell von sich gegeben hat, inzwischen als derart unglaubwürdig erkannt, dass, um nur ein Beispiel zu nennen, ein anderer Autor ihm gleich 92 Fehler in seinem Buch nachweisen konnte, die einem Insider, der er zu sein vorgibt, nicht hätten passieren dürfen. (27)

Im Grunde sind wir, als wir uns auf die Diskussion nach den Urhebern des bei Roswell abgestürzten Flugobjektes eingelassen haben, schon zu weit gegangen. Kehren wir also zu unserer Ausgangsfrage zurück. Hat sich bei Roswell überhaupt ein UFO-Crash ereignet? Die klare Antwort lautet: Nein. Spätestens seit dem Erscheinen des Buches »Roswell – Inconvenient Facts and the Will to Believe« von Karl T. Pflock im Jahr 2001 dürfte auch dem letzten, ehrlich an einer vorurteilslosen Aufklärung Interessierten klar geworden sein, dass bei Roswell im Sommer 1947 weder ein außerirdisches Fluggerät, noch eine Geheimwaffe der in welchen Diensten auch immer stehenden Deutschen abgestürzt ist. (78) Zu seinem Pech hatte Farrell, als er glaubte, sich über die Ereignisse von Roswell im Jahr 2004 erstmalig äußern zu müssen, dieses Grundlagenwerk noch nicht gelesen, wie aus dem Literaturverzeichnis seines Buches zu ersehen ist. Mit verhängnisvollen Konsequenzen, wie sich zeigen sollte. Über nicht weniger als 40 Seiten leitet er seine Beweisführung zugunsten der von ihm favorisierten Variante aus den Majestic-12-Dokumenten ab, die sich mit der Bergung der abgestürzten UFOs sowie der Auswertung der bei der später stattgefundenen Untersuchung gewonnenen Erkenntnisse befassen. Sein Hauptaugenmerk richtet er dabei auf die so genannten Cooper-Cantwheel-Dokumente. (76) Hätte er das Buch von Karl T. Pflock gelesen, wäre ihm klar geworden, dass er damit mehr als zehn Prozent seines Buches »Reich of the Black Sun« einer Fälschung gewidmet hat. Wenige Jahre später hat sich seine Begeisterung für diese Dokumente auch schon auf eine knappe Buchseite abgekühlt, und er ist gezwungen zuzugeben, dass diese Pamphlete keine Glaubwürdigkeit verdienen, freilich ohne dabei auch nur im Geringsten auf den schwerwiegenden Lapsus in einem seiner früheren Bücher hinzuweisen. (77) So viel an einem trefflichen Beispiel zur Ehrlichkeit und zur Arbeitsweise von Joseph F. Farrell.

Nachdem ihm das wichtigste Glied in seiner Beweiskette weggebrochen ist, fragt man sich zu Recht, was ihn Jahre später zum Schreiben eines Buches motiviert hat, das sich nicht nur in Teilen, sondern vollumfänglich erneut der Nazi-Roswell-Connection widmet. Ist es ganz einfach der Umstand, beinahe jedes Jahr ein neues Buch schreiben zu müssen? Die Beweislage ist um keinen Deut besser geworden. Bei der Mehrzahl der Roswell-Forscher gilt Colonel Corso als diskreditiert, sämtliche Majestic-Dokumente als gefälscht, und bis auf eine Ausnahme hatte für alle anderen Ungereimtheiten Karl T. Pflock plausible Erklärungen geliefert. Farrell hatte Pflocks Buch nunmehr auch gelesen, die Fragen, die er ihm im Text stellt, hätte er sich, wie gesagt mit einer Ausnahme, bei gründlicher Lektüre auch selbst beantworten können. (77, 78) Fest steht demnach, dass bei Roswell tatsächlich etwas abgestürzt ist, jedoch kein UFO, sondern ein für die damalige Zeit mit ungewöhnlichem Zubehör ausgestatteter Mehrfachballon des Projektes Mogul. Dieses sollte der akustischen Aufklärung von sowjetischen Raketenstarts und vor allem von Atomwaffenversuchen dienen und war genauso geheim wie das Manhattan-Projekt, was die Vertuschung unmittelbar nach dem Auffinden der Überreste bei Roswell erklärt. Wie man inzwischen weiß, sind sämtliche von den Augenzeugen beschriebenen Details der Fundstücke der besonderen Konfiguration des Mogul-Ballons zuzurechnen. Diejenigen, welche über den Fund von Leichen kleiner, fremdartiger Wesen an der Absturzstelle berichteten, heißen sie nun Glenn Dennis, Jim Ragsdale, Karl Kaufmann etc., sind der Lüge überführt, was einmal mehr – erinnert sei an die vermeintlichen Zeugen eines Überlebens von Hitler in Argentinien – den Beweiswert solcher Aussagen unabhängig von bestätigenden Sachbeweisen bzw. Dokumenten unterstreicht. (78)

Auch gewisse Materialeigenschaften, die auf einen exotischen Ursprung des bei Roswell abgestürzten Flugobjektes hindeuten könnten und die, wie der von Farrell in diesem Punkt kritisierte Karl T. Pflock zu Recht bemerkt, von den allermeisten Zeugen eben nicht berichtet worden sind, konnten später im Zusammenhang mit dem Projekt Mogul erklärt werden. Einige der aufgefundenen Teile sollen nicht brennbar gewesen sein und hätten sich zudem einer andauernden Verformung widersetzt, wären immer wieder in ihre ursprüngliche Form zurückverwandelt worden, so als hätten sie ein Gedächtnis. Wie sich herausgestellt hat, verfügen bestimmte aus Azetat bestehende Substanzen über dieselben Eigenschaften und könnten Bestandteil des abgestürzten Mogul-Ballons gewesen sein, womit auch das letzte noch verbleibende Rätsel um das abgestürzte vermeintliche UFO von Roswell als gelöst betrachtet werden kann. (27) Das von Farrell über insgesamt viele hundert Buchseiten bezüglich der Ereignisse bei Roswell geführte Gefecht gegen den »ET-Mythos« und für die »Nazi-Legende« hat sich als Scheingefecht herausgestellt. Die Technologie der Dritten Macht scheint zuverlässiger zu arbeiten, als das gewisse Autoren jenseits des Atlantiks wahrhaben wollen.

Gilt das auch für den Absturz bei Kecksburg? Unbedingt. Zunächst einmal konnte ich mich eines leichten Schmunzelns wieder einmal nicht erwehren, wenn Farrell aus den Aussagen eines »Augenzeugen« über das glockenförmige Aussehen des abgestürzten Flugobjektes aufgrund der Begriffsgleichheit sofort eine Parallele zur Versuchsanordnung des Projektes »Die Glocke« zieht. Bei dieser hat es sich, nach allem was wir wissen, nur um die Vorstufe der Entwicklung eines Antigravitationstriebwerkes gehandelt. Die Form dieser Apparatur nun gleich zum Anlass zu nehmen, ihre Erfinder mit den Schöpfern des glockenförmigen Kecksburg-UFOs gleichzusetzen, wirft wiederum kein gutes Licht auf die wissenschaftliche Sorgfalt, mit der Joseph P. Farrell arbeitet.

Über das, was in der Nähe von Kecksburg am 9. Dezember 1965 passiert ist, schreibt er, dass vom Norden Kanadas bis in die Wälder des US-Bundesstaates Pennsylvania Tausende von Zeugen einen orangefarbenen Feuerball gesehen hätten, der in südöstlicher Richtung durch den Abendhimmel schoss. »An dieser Stelle nimmt die ›Kecksburg-Saga‹ ihren Anfang. Um 16.47 Uhr rief eine gewisse Mrs. Jones die örtliche Radiostation WHJB in Greensburg an und erzählte dem Reporter John Murphy, ›ein riesiger Feuerball‹ sei ›in den Wäldern heruntergekommen, etwa zweieinhalb Kilometer von hier entfernt‹. Ihre Kinder hätten draußen gespielt, als sie es erblickten, und von einem ›brennenden Stern‹ gesprochen.« (76) Murphy fuhr sofort zur vermeintlichen Absturzstelle, wo auf die Meldung hin schon zwei Polizeiwagen und ein Löschfahrzeug der freiwilligen Feuerwehr eingetroffen waren. Soweit ist bis dahin nichts Ungewöhnliches passiert. Dann jedoch nehmen die Dinge ihren Lauf, wie wir das auch von der eine gewisse Eigendynamik entwickelnden Roswell-Story kennen. Über die Jahre meldeten sich mehr und mehr Zeugen, die den Ereignissen von Kecksburg letztlich einen mysteriösen Anstrich verliehen. Auf diese erste, wie sich herausstellen sollte, in guter Absicht, aber ohne konkreten Hintergrund erteilte Unfallmeldung und die in der Folge von den Medien geschürte Gerüchteküche über einen angeblichen UFO-Absturz, meldeten sich einige augenscheinliche Trittbrettfahrer und berichteten von anrückendem Militär, welches das Kriegsrecht über die Ortschaft verhängt hätte, über metallische Objekte mit der Form einer Gewehrpatrone, die in den Wäldern gefunden worden wären, und über Bergungsversuche der US-Behörden. Später meldeten sich andere »Zeugen«, die das abgestürzte Objekt gesehen haben wollten. Einer davon beschrieb es als glockenförmig, und damit nahm die Spekulation Joseph P. Farrells ihren Anfang. In Summe weist das ganze Szenario viele Parallelen zum Fall Roswell auf. Vergleichbar ist insbesondere der Umstand, dass je länger das Ereignis zurückliegt und je häufiger in den Medien über die »Sensation« berichtet worden ist, desto mehr »Augenzeugen« sich mit detaillierten Berichten zu Wort meldeten. Letztendlich haben alle bis heute unternommenen Anstrengungen, die Relevanz dieser »Berichte« zu beweisen, nichts erbracht. Die einzige Gewissheit ist die, dass damals tatsächlich ein Ereignis stattgefunden hat. Auch darin gleichen sich die Geschehnisse von Roswell und Kecksburg. Mrs. Jones und ihre Kinder haben tatsächlich etwas Ungewöhnliches gesehen.

Die Realität hinter dem Kecksburg-Zwischenfall: Nicht nur die Familie von Mrs. Jones, sondern, wie Farrell schrieb, tatsächlich viele tausend Menschen haben an diesem Tag einen großen, feurigen Meteor am Himmel seine Bahn ziehen sehen. In mehreren wissenschaftlichen Fachblättern wurde über die Untersuchungen zu diesem die Erdbahn kreuzenden Himmelskörper berichtet. Bei den Meldungen über das UFO von Kecksburg und den gesichteten Meteor besteht eine exakte Übereinstimmung hinsichtlich Zeitpunkt und Flugrichtung. Dies kann nicht als bloßer Zufall abgetan werden. Besonders der mit »Great Lakes Fireball« überschriebene Beitrag in der Februar-Ausgabe des Jahres 1966 der astronomischen Zeitschrift »Sky and Telescope Magazine« vermittelt uns eine Vorstellung davon, wie es zu den Berichten von Kecksburg kommen konnte: »Der Feuerball war von vielen Menschen in Ontario, Michigan, Ohio, Pennsylvania und in geringerem Ausmaß auch in den Nachbarstaaten beobachtet worden. In Zeitungsbeiträgen wurde über eine große Zahl vermeintlicher Einschlagstellen im südwestlichen Pennsylvania und im östlichen Ohio berichtet. Es wurden Erklärungen abgegeben, wonach Fragmente in Ohio und Michigan vom Himmel gefallen wären. Diese eingebildeten Ereignisse haben ihre Ursache in der Unmöglichkeit, die Entfernung eines Objektes am Himmel genau einschätzen zu können. Nahezu jeder, der den Feuerball sah, dachte, er wäre wesentlich näher, als er tatsächlich war. Viele Leute, die ihn hinter einem Haus oder einem Wald verschwinden sahen, dachten, er wäre nur wenige hundert Meter entfernt zu Boden gefallen.« (79) Wir können den Kecksburg-Zwischenfall damit getrost zu den Akten legen. Joseph P. Farrell hat sich – ähnlich wie im Fall Roswell – mit seiner einer oberflächlichen Recherche geschuldeten, vorschnell abgegebenen Interpretation der Ereignisse aus dem Jahr 1965 einmal mehr lächerlich gemacht. Unbenommen dieser Tatsache oder eben gerade deshalb freue ich mich auf sein nächstes Buch.

5.
Die Zeit danach

Was wird passieren, wenn die Dritte Macht in voraussichtlich naher Zukunft diesen Planeten übernommen hat? Diese Frage werden sich sicherlich viele meiner Leser schon oft gestellt haben. Das wahrscheinliche Übernahmeszenario wurde von mir – ausgehend von bestimmten logischen Prämissen – in diesem Buch detailliert beschrieben. Aber was kommt dann? Lassen sich überhaupt Informationen gewinnen, die uns über die weiteren Absichten der Dritten Macht Auskunft geben?

Vorausschicken möchte ich, dass ich zu keiner Zeit in persönlichem Kontakt zu einer Person gestanden habe, die nachweislich dem Kommandostab, wie ich das Führungsorgan der Dritten Macht hier vereinfachend nennen möchte, angehört oder angehört hat.

Wie sich die Leser meines ersten Buches erinnern werden, gelang es mir jedoch vor einigen Jahren in der Hauptstadt Boliviens, La Paz, mit jemandem ins Gespräch zu kommen, der – so mein Eindruck – zumindest in enger Verbindung mit dieser seit mehr als 60 Jahren im Verborgenen operierenden Organisation gestanden hat. Die damals gewonnenen Hinweise wurden von mir in einem Gedächtnisprotokoll zusammengefasst und teilweise in »Die Zukunft hat längst begonnen« veröffentlicht.

Es blieb nicht bei diesem einen Treffen. In den Folgejahren reiste ich noch zweimal nach Südamerika, um mich in La Paz sowie der im Süden Chiles gelegenen Stadt Osorno mit einigen Herren zu treffen, die mir von meiner ersten Kontaktperson als Referenzen vermittelt worden waren. Natürlich blieb ich skeptisch, was die Relevanz einzelner während dieser Treffen mitgeteilter Informationen betrifft. In der Zusammenschau schienen sie mir aber durchaus nachvollziehbar und in sich widerspruchsfrei. Ein offensichtlicher Geheimnisverrat, das heißt die Weitergabe von Informationen, die der Dritten Macht hätten zum Nachteil gereichen können, wurde nicht betrieben. Die Absicht bestand wohl eher darin, mir als nicht ganz unbekanntem Autor Fakten zu präsentieren, die bei Veröffentlichung zumindest im Unterbewusstsein meiner Leser ein bestimmtes Bild von der Dritten Macht erzeugen helfen sollten. Vorstellungen, die sich später im Sinne der Dritten Macht als hilfreich erweisen würden.

Im Folgenden habe ich die Aussagen meiner Gesprächspartner nach Themenschwerpunkten geordnet. Diese Zusammenfassung mag den Eindruck erwecken, ich könnte dabei willkürlich vorgegangen sein. Um die Übersichtlichkeit zu wahren, erwies es sich als notwendig, Informationen zu einem Themenbereich, die zu verschiedenen Zeiten, an verschiedenen Orten und von verschiedenen Personen gewonnen worden sind, miteinander zu kombinieren. Die Leser mögen mir diese journalistische Freiheit bitte nachsehen.

Zwei große Ziele stehen für »die Zeit danach« auf der Agenda der Dritten Macht:

1. Die totale Herrschaft über diesen Planeten, ausgelegt für die Dauer seiner Existenz als bewohnbarer Himmelskörper; parallel dazu angestrebt wird die schrittweise Expansion in den Kosmos, deren erste Schritte bereits vollzogen worden sind.
2. Im Mittelpunkt aller Politik, von Philosophie, Wissenschaft und Erziehung steht der Mensch, seine Höherzüchtung zum »Übermenschen«, um einen gebräuchlichen Terminus zu gebrauchen.

Während die totale Herrschaft zum geeigneten Zeitpunkt nach dem von mir geschilderten Übernahmeszenario schnell erreicht sein wird, stellt sich die Frage, wie dieser Dauerhaftigkeit verliehen werden soll. Vor allem dürfte auch interessieren, auf welcher Grundlage die Herausbildung »des neuen Menschen« vorgenommen werden wird. Die letzte Frage lässt sich wie folgt beantworten: Der Ausgangspunkt dieser Entwicklung, sozusagen der »Mustermensch«, soll jener Typus sein, der sich in dem von Eismassen eingeschlossenen Raum im Norden und Nordwesten Europas während des etwa 35.000 Jahre umfassenden Zeitraumes vom Beginn bis zum Ende der letzten großen Eiszeit herausgebildet hat. In diesem geografischen Isolat herrschten außergewöhnlich harte Umweltbedingungen, die zu überleben nur einer besonders kreativen, intelligenten, mutigen und realitätsverbundenen, man könnte auch wahrhaftigen sagen, »Spezies« Mensch vorbehalten war. Nur wer diesen Anforderungen genügte, dessen Gene konnten auch als Sieger aus dieser erbarmungslosen Auslese hervorgehen. Hier ist auch der Ursprung des ethischen Verhaltens sowie der Kunst zu suchen. Ohne die letztendlich instinktive Ausprägung eines der Gemeinschaft dienlichen Verhaltens wären die Überlebenschancen viel geringer gewesen. Auch das, was wir als Kunst bezeichnen, hätte sich ohne die Unwirtlichkeit der Verhältnisse wohl nicht herausgebildet. Diese als Korrektiv zu den allgegenwärtigen Schrecknissen dieser

Jahrzehntausende der Abschließung dienenden Artefakte, von denen schöne Beispiele gerade in den letzten Jahren am Südrand des Isolats, in der Schwäbischen Alb, gefunden worden sind, halfen die Überlebenschancen der damaligen Bevölkerung in den betroffenen Gebieten zu erhöhen.

Auf den Punkt gebracht: Alle die genannten Eigenschaften haben sich über einen langen Zeitraum entwickelt und waren irgendwann für einen Großteil der im Isolat befindlichen Menschen genetisch determiniert.

Nach dem Ende der Eiszeit konnten sich diese Merkmale in größerer Varianz entwickeln, und das Ergebnis war nach der Meinung meiner Gesprächspartner der höchste bis dahin erreichte Menschentyp, der der nordischen Megalith- und Bronzezeit. Von da an, seit nunmehr 3.000 Jahren, soll durch Mischung und Gegenauslese eine Entwicklung eingetreten sein, die den Menschen letztendlich um seine Existenz bringen wird, wenn es nicht zeitnah gelingt, eine Gegenbewegung einzuleiten. Dieser Umkehr hat sich die Dritte Macht im Besonderen verschrieben. Als die erste Etappe wird das Erreichen dieses einstmals gewesenen Zustandes angestrebt, danach das »darüber hinaus«.

Eine nicht geringe Bedeutung für das Verständnis der oben geäußerten Ansichten kommt der **Theorie von der multiregionalen Entstehung des Homo sapiens** zu. Demnach spricht bei genauer Betrachtung nichts für die »Out-of-Africa«-Hypothese. Eine Wanderung von Trägern eines hohen technologischen Know-how von Süd nach Nord lässt sich in keinem einzigen Fall für die Zeit der letzten großen Vereisung in Europa nachweisen. Das Gegenteil ist der Fall. Die Trennung in die Vorläufer der später entstandenen Großrassen, wie wir sie heute kennen, erfolgte schon vor einer Million Jahren. Der Homo erectus in Europa entwickelte sich anders als der in Asien und jener in Afrika. In Europa verlief die Entwicklung zum Menschen der Neuzeit über eine Vorform des Neandertalers. Aber wie gesagt, bei allen Unterschieden, wie sie zwischen den regional ausgeprägten Vorläufern der heutigen Menschenrassen schon zu Beginn der letzten Eiszeit ausgeprägt waren, der »große Schub« setzte erst im nordwesteuropäischen Isolat ein.

Aus diesem Verständnis der Entwicklung des Menschen und der unverhohlenen Absicht, in einem ersten Schritt die bisher erreichten »höchsten Exemplare« in großer Anzahl neu erstehen zu lassen, um später in Stufe zwei die Höherentwicklung dieses Typus weiter zu forcieren, lässt sich auch das ableiten, was mir gegenüber als Schaffung einer arteigenen Biosphäre bezeichnet wurde. Darunter wird verstanden – und diesen Satz habe ich mir als wortwörtliches Zitat aufgeschrieben – »der klimatisch und landschaftlich bestimmte Lebensraum, der uns genetisch angemessen ist, der allein zu uns passt, in dem unsere Vorfahren ihre Eigenschaften in härtestem Überlebenskampf zu entwickeln vermochten. Das bedeutet, Siedlungsgebiete, die uns vor der Gefahr der Degenerierung aus Gründen des Klimas und der Landschaft bewahren. Das können nur sein: Europa nördlich der Alpen bis zum Ural, Nordamerika etwa bis zu den Grenzen der Bundesstaaten New Mexico und Arizona. Theoretisch denkbar als Siedlungsgebiete sind auch bestimmte Hochländer auf anderen Kontinenten, diese aber dann als Inseln im feindlichen Umland. Ist eher nicht anzustreben. Die Konsequenz: Aufteilung des Planeten in zwei völlig unabhängig bewohnte Hemisphären. Wenn möglich friedliche Koexistenz, darüber hinaus jedoch kein Bevölkerungs-, kein Wissens-, kein Technologietransfer – der gegenseitige Handel bestenfalls beschränkt auf den Austausch von Produkten, die aufgrund der gegebenen klimatischen Bedingungen nicht verfügbar sind. Jede der Hemisphären wird von daher wirtschaftlich weitestgehend autark sein. Die Abschließung ist vollkommen. Die Zeit wird zeigen, wem unter diesen Bedingungen die Zukunft gehört.« Wegen der mit letzter Konsequenz betriebenen geografischen Abgrenzung steht für das angestrebte Gebilde angeblich die Bezeichnung »Nordisches Imperium« zur Diskussion, ein Imperium mit unmittelbarer kosmischer Erweiterungstendenz. Die Besiedelung des Mars wird nur ein Anfang sein.

Angekündigt wurde, um diese saubere geografische Trennung zu gewährleisten, für »die Zeit danach« ein gigantischer Bevölkerungstransfer, ein Umsiedelungsprogramm, wie es die Welt noch nicht gesehen hat. Die Menschen mit den gewünschten genetischen Eigenschaften werden genauso in die von der Dritten Macht beanspruchte Biosphäre zwangsumgesiedelt, wie umgekehrt alle, die nicht dem »genetischen Muster« entsprechen, in die »andere Welt« abgeschoben werden. Nicht mitgeteilt, auch auf Nachfrage nicht, wurden mir die Methoden, aufgrund derer die detaillierte Klassifizierung und damit die Einordnung der Menschen in die zwei großen Gruppen vorgenommen werden soll. Trotz dieses Mangels besteht die große Bedeutung der Veröffentlichung dieser Informationen darin, dass jeder, der sich nicht vorstellen kann, dass er den Auslesekriterien der Dritten Macht genügen wird, heute noch selbstbestimmt sein Schicksal in die Hand nehmen kann. Mit dem rechtzeitig angetretenen Umzug in die Hemisphäre »der Anderen« kann er den Wirren dieser anstehenden Zeit des großen Chaos entkommen und sich jetzt noch einen ihm gemäßen privaten Lebensraum sichern.

Der »neue Mensch«, vorselektiert durch das Umsiedelungsprogramm, wird dann in einer natürlichen Umwelt, der er von alters her angepasst ist, einerseits durch Zucht, das heißt durch Herausstreichung der gewünschten Merkmale, wie auch durch genetische Maßnahmen, durch künstliche Mutationen, eine weitere Entwicklung erfahren. Heiratsgesetze, nach denen festgelegt ist, wer mit wem Kinder zeugen darf, sind anscheinend ein wichtiger Bestandteil der so bezeichneten züchterischen Maßnahmen. Begriffen werden sie nicht als Zwangsmaßnahme, sondern als Ausdruck höchster Verantwortung gegenüber den kommenden Generationen. Die genetische Verbesserung durch künstlich herbeigeführte Genmutationen hat, wie mir gesagt wurde, bei der Dritten Macht eine jahrzehntelange Tradition und ist längst über das Versuchsstadium hinausgekommen.

Überhaupt soll die Ehe in der Breite auf ein anderes Fundament gestellt werden. Der Ehepartner nicht vorrangig allein als Sexualpartner begriffen, sondern als Lebenskamerad, mit dem gemeinsam in genetisch gleichgerichtetem Empfinden ein »Höheres« gezeugt werden soll, als man selber ist. Gedanken an eine Mehrehe oder ähnliches wurde nach jahrelanger Diskussion aus verschiedenen Gründen eine klare Absage erteilt. In erster Linie wohl deshalb, weil, wie Versuche ergeben haben, in der Summe nicht mehr, sondern weniger Kinder aus solchen »Verhältnissen« hervorgehen und die gestörte emotionale Bindung der Kinder nachweislich schwere seelische Folgeschäden bei diesen hervorrufen kann. Die Familie scheint nördlich der Alpen auch in der länger zurückliegenden Vergangenheit die Norm für die Entstehung des nach Interpretation der Dritten Macht »hochwertigen Menschentums« gewesen zu sein.

Zitat: »Wir wollen einen Menschen, der sich als Bestandteil einer abgestuften Leistungselite versteht und innerhalb dieser natürlichen Rangordnung als die Verkörperung einer Pflicht zur Höchstleistung. Die Höherentwicklung des Menschen über alles hinaus, was heute vorstellbar ist, steht im Mittelpunkt. Eine künstliche Intelligenz, also intelligente Maschinen als Äquivalent und Konkurrenz zu diesem unseren neuen Menschen wird es nicht geben. Und kann es auch nicht geben, weil Computer und Maschinen nicht über die entscheidende Gabe der Intuition als Grundlage aller Kreativität verfügen.«

Hätten mit den erprobten Verfahren der Genmutation auch schon erstaunliche Fortschritte bei einigen der erwünschten Eigenschaften erreicht werden können, so wären die Versuche zur, wie es genannt wird, generell positiven Polung des Bewusstseins bisher gescheitert. Was ist darunter zu verstehen? Das Bewusstsein, als Organ aufgefasst, weist heute selbst bei Menschen, die nach außen wie aus einem Guss erscheinen, bei den von ihm getroffenen Entscheidungen eine bemerkenswerte Schwankungstendenz auf. Diese wird darauf zurückgeführt, dass es sich bei ihm um das evolutionär jüngste Organ handelt, dass aufgrund seiner relativ kurzen Entwicklungszeit noch keine zutiefst verwurzelte instinktive Ausprägung erfahren hat. Die Retrospektive spielt eine viel zu große Rolle im Entscheidungsprozess. Diese soll zukünftig ausgeschaltet werden, so dass das Handeln weniger über eine bewusste, scheinlogische Rückkoppelung mit Gedächtnisinhalten, sondern vielmehr über eine intuitive Verknüpfung der Bewusstseinsspeicher erfolgen soll. Um diesen Prozess genetisch abzuwandeln, ist jedoch anscheinend eine zu große Anzahl betroffener Gene zu berücksichtigen, ein komplexer Prozess, den zu meistern selbst die uns sicherlich auf dem Gebiet der Gentechnik weit überlegene Dritte Macht noch nicht in der Lage ist. Gelingt dieser genetische Eingriff in den nächsten Jahren, ist der neue Typus Mensch in kurzer Zeit dort angelangt, wo ihn die natürliche Auslese unter optimalen Bedingungen erst über Jahrtausende hingeführt hätte. Der häufig von negativen Reflexen geplagte Mensch würde abgelöst werden von dem instinktiv zum Positiven tendierenden – Gott!

Eins zu sein mit der Wirklichkeit, dieser die Leitbilder des eigenen Handelns zu entnehmen, völlig frei zu sein von lebensverneinenden Gefühlen und Gedanken, das heißt dann die neue Göttlichkeit. Die Beschränkung der Singgebung nur auf das, was nach Meinung meiner Gesprächspartner dann allein noch Mensch genannt zu werden verdient, enthebt diesen neuen Menschen auch der Sinnlosigkeit, mit der das Individuum sich ansonsten konfrontiert sieht, steht es dem riesenhaften Kosmos gegenüber. Die neuen Menschen bauen an Gott, schieben den Maßstab für das Göttliche immer weiter hinaus. Und eine Grenze ist nicht abzusehen. Die Physiker der Dritten Macht scheinen unseren Weltmodellen durchaus skeptisch gegenüberzustehen. Der ironische Grundtenor: Wer die sichtbare Materie als 5 % des Universums versteht und über die restlichen 95 % nichts Konkretes auszusagen weiß, hat wohl seinen Beruf verfehlt. Die von der Dritten Macht gezogenen Folgerungen aus der Entdeckung des das ganze All durchziehenden Nullpunktenergiefeldes dürften ein Tor aufgestoßen haben, dessen Durchschreitung in einer völlig verwandelten Weltsicht gipfelt. Der »Tag X« bedeutet in diesem Sinne zweifelsohne auch eine neue Offenbarung.

Wem es jetzt zu mystisch geworden ist, dem sei mit der Rückkehr zu den Aspekten einer von der Dritten Macht zu erwartenden Realpolitik geholfen.

»Verantwortung im politischen Prozess der Entscheidungsfindung kann immer nur der Einzelne übernehmen! Hierbei sollte er von einem sachkompetenten Führungsgremium beraten werden.« Aus der bisher einer militärischen Kommandostruktur ähnlichen Führung der Dritten Macht wird sich nach der Machtübernahme eine zivile Regierungsform herausbilden. Für diese gelten nach den vorliegenden Informationen folgende Prämissen:

- Zusammensetzung des obersten Führungsgremiums aus Personen, die eine staatliche Funktion ausüben, das heißt, das Mandat ist an die Ausübung dieser Funktion gebunden und endet mit der Versetzung in eine nichtmandatsberechtigte Stelle bzw. mit dem Ausscheiden des Funktionsinhabers aus gesundheitlichen oder aus Altersgründen. Eine allgemeine Wahl der Mandatsträger findet nicht statt.
- Dieses oberste Führungsgremium wählt den Imperator; dieser stellt sich der allgemeinen Abstimmung.
- Der Imperator kann während seiner Amtszeit durch das oberste Führungsgremium mit Zweidrittelmehrheit abberufen werden; ansonsten gelten das eine gewisse Lebenserfahrung garantierende Mindestalter von 40 Jahren sowie ein dem körperlichen und geistigen Verfall vorbeugendes Höchstalter von

70 Jahren für die Ausübung dieses und aller anderen hohen Ämter im Gemeinwesen.

- Um Interessenkonflikten vorzubeugen, ist eine strenge Trennung von politischer und wirtschaftlicher Machtausübung vorgesehen. Primat der Politik.
- Zentrale Steuerung der Wirtschaft, Setzung enger Rahmenbedingungen, ohne dabei in eine Plan- und Kommandowirtschaft zu verfallen, d.h., der privaten Initiative wird genügend Freiraum gelassen; die Bodenschätze, bestimmte Grundstoffindustrien, der Verkehr und andere noch zu bestimmende Bereiche des wirtschaftlichen Lebens werden verstaatlicht; auch das Denken und Handeln der Wirtschaftssubjekte wird mit der Zeit eine dramatische Veränderung erfahren: Alle Kraft nicht dem individuellen Wohlergehen im Geldausdruck gewidmet, sondern dem die Grenzen des Irdischen sprengenden »größten Aufbauwerk seit Menschengedenken« (Zitat!).

Wenn meine Leser vielleicht auch mehr Informationen über die Planungen der Dritten Macht für »die Zeit danach« erwartet haben, so kann ich sie nur auf später vertrösten. Damit meine ich nicht, dass der »Tag X« abgewartet werden muss. Zuvor steht noch das »Projekt Tamacuari« auf der Agenda. Mit dieser Expedition zum irdischen Hauptquartier der Dritten Macht ist auch die Hoffnung verbunden, mehr über jene sich anbahnende Zeitenwende zu erfahren. Über den Stand der Vorbereitungen zu diesem großen Abenteuer berichtet das nächste Kapitel.

6.

Tamacuari – der Countdown läuft

Eine überaus dicht geflochtene Indizienkette ließ es für mich zur Gewissheit werden – das irdische Hauptquartier der Dritten Macht befindet sich am 2.340 Meter hohen Pico Tamacuari im nördlichen Brasilien, im Grenzgebiet zu Venezuela. Im Buch »Götterwagen und Flugscheiben« hatte ich meine Beweise ausführlich präsentiert. Hier sind sie noch einmal in Kurzfassung aufgelistet:

1. Die Aussage von Ed Walters, einem der prominentesten und glaubwürdigsten UFO-Sichtungszeugen, der in Zusammenarbeit mit dem Physiker Bruce Maccabee den unumstößlichen Beweis für die physikalische Realität des UFO-Phänomens erbracht hat (siehe unten): »Die UFOs kommen von einem Berg namens Tamacuari.«
2. Die Hinweise des Tatunca Nara, alias Günther Hauck, nach denen Deutsche in den letzten Kriegsjahren im nördlichen Brasilien in künstlich erweiterten Höhlensystemen einen Stützpunkt angelegt haben. Wie ich noch ausführen werde, kann dieser, wenn der Name dieses Berges selbst auch nirgendwo genannt ist, aufgrund konkreter Angaben Tatuncas zweifelsfrei im Gebiet um den Pico Tamacuari lokalisiert werden. Die Geschichten von den Außerirdischen, die vor Jahrtausenden auf die Erde gekommen sein sollen und für die Tatunca berühmt geworden ist, dienten nur der Ablenkung. Der Teilnehmer einer Expedition in die fragliche Region berichtete, dass ihr Vorstoß nach der Intervention eines deutschsprachigen Fremden abgebrochen werden musste.
3. Die Veröffentlichungen des Narciso Genovese, der erstmalig 1958 über eine finanziell unabhängige Gemeinschaft von deutschen Wissenschaftlern berichtete, die nach dem Krieg ein »Raumfahrtzentrum« in einer Bergregion im tropischen Regenwald errichtet hätten.
4. Die Tatsache, dass das Grenzgebirge Serra do Tapirapeco mit seiner höchsten Erhebung, dem Pico Tamacuari, zu den am meisten isolierten und völlig unerschlossenen Landstrichen der Welt gehört und noch bis mindestens ein Jahrzehnt nach dem Ende des 2. Weltkrieges tatsächlich eine absolute Terra incognita war. Seitdem hat sich an diesem Zustand wenig geändert. Das Gebiet ist weiträumig als Indianerschutzgebiet deklariert und darf ohne die besondere Genehmigung durch

die zuständigen Behörden weder betreten noch überflogen werden. Die »Kernzone«, dort wo sich nach meiner Meinung das Hauptquartier der auf diese Weise perfekt geschützten Dritten Macht befindet, wird auch von den Indios gemieden, wie die eingangs dieses Buches zitierten Stimmen beweisen.

5. Der mehr als merkwürdige, weil ansonsten völlig unverständliche Abbruch der Bauarbeiten an der Perimetral Norte, einem Parallelprojekt zur fertig gestellten südlichen Ost-West-Straßenverbindung Brasiliens, der Transamazonica, drei Jahre nach Baubeginn im Jahr 1976 nur ca. 60 Kilometer vor Erreichen des Tamacuari-Gebietes.
6. Der Umstand, dass Brasilien als UFO hot spot bezeichnet wird. Dass aber gerade das Gebiet im Norden dieses Landes nicht nur eine häufig von UFOs frequentierte Operationszone, sondern darüber hinaus auch deren Testgebiet ist, habe ich in meinem zweiten Buch im Kapitel »UFO-Terror« beschrieben. Wer diesen Abschnitt gelesen hat, dem ist sicherlich sehr schnell klar geworden, dass es mit dieser Region in Bezug auf die unbekannten Flugobjekte etwas Besonderes auf sich hat. Nirgendwo sonst zeigte das UFO-Phänomen bisher eine derart brutale Dimension. Gestützt werden diese Berichte durch häufige Sichtungen im Südwesten Venezuelas wie auch durch eine Zeugenaussage, in der eine unterirdische Anlage beschrieben wird, die – bis hin zu ihren blonden Bewohnern – über alle Charakteristika verfügt, welche man für ein Hauptquartier der Dritten Macht, das gleichzeitig als UFO-Stützpunkt dient, voraussetzen würde.
7. Die systematisch durch die Deutschen von diesem Gebiet noch vor dem Ende des 2. Weltkrieges erlangte Kenntnis aufgrund der Forschungsexpeditionen von Theodor Koch-Grünberg, des angeheirateten Vetters von Heinrich Himmler, Philipp von Luetzelburg, durch die Otto Schulz-Kampfhenkels sowie aufgrund der Hinweise des lange unter Eingeborenen lebenden und mit ihren Geheimnissen vertrauten Emmerich von Moers. Letzterem verdankte der Reichsführer-SS anscheinend auch den Tipp, dass im Grenzgebiet zu Venezuela die Überlebenden eines alten Kultur-

volkes weißer Abstammung in natürlichen Höhlensystemen ihr Refugium gefunden hatten. (1)

Auf den Pico Tamacuari wurde ich das erste Mal aufmerksam, als ich die Aussage des UFO-Zeugen Ed Walters las. Da dessen Bezeichnung des fraglichen Gebiets als Herkunftsort der UFOs mir für meine Suche nach dem irdischen Hauptquartier der Dritten Macht zweifelsohne den entscheidenden Hinweis gegeben hatte, würden berechtigte Zweifel an Walters' Glaubwürdigkeit meine Lokalisierung zumindest fragwürdig, wenn nicht gar verfehlt erscheinen lassen. In Leserbriefen und in Forenbeiträgen im Internet konnte ich dann auch lesen, dass Ed Walters doch längst als Fälscher überführt worden wäre. Sogar das Modell, welches er für seine sensationellen UFO-Aufnahmen Ende der 80er Jahre des letzten Jahrhunderts verwendet hätte, wäre damals gefunden worden.

Ist dem wirklich so? Bevor ich auf die Vorwürfe eingehe, möchte ich aus »Götterwagen und Flugscheiben« die entscheidende Passage noch einmal anführen:

Nach längerer Zeit beschäftigte ich mich wieder einmal mit einer der umfassendsten und am besten dokumentierten UFO-Sichtungsserien, der von Gulf Breeze im US-Bundesstaat Florida. Vom 11. November 1987 bis weit in die 90er Jahre des letzten Jahrhunderts hinein hatten Hunderte Zeugen ihre Beobachtungen gemeldet, waren die unbekannten Flugobjekte in einer beeindruckenden Anzahl auf Fotos und Videobändern festgehalten worden. Mit wissenschaftlichen Methoden untersucht, konnten die wiederholt vorgebrachten Fälschungsvorwürfe jedes Mal entkräftet werden. Die Hauptrolle in diesem Sichtungsszenario spielte ohne Zweifel Ed Walters, der an jenem 11. November die erste Begegnung mit einem UFO hatte, der die meisten und gleichzeitig spektakulärsten Bilder schoss und zu dem die Insassen der Fluggeräte eine wie auch immer geartete besondere Affinität zu besitzen schienen. Alle im Verlauf der Jahre an ihn gerichteten Anschuldigungen, die seine Seriosität in dieser Angelegenheit untergraben sollten, wurden von ihm selbst bzw. dem Team der vor Ort tätigen Ermittler widerlegt. Wie sich einige Zeit nach den ersten Sichtungen herausstellte, war auch Ed Walters das Opfer von UFO-Entführungen (Abductions) geworden ... In der Folge dieser Erlebnisse hatte Ed Walters nach dem Aufwachen klare, lebhafte Erinnerungen an Orte, Dinge oder Worte, die sich deutlich von den üblichen Erinnerungsspuren nächtlicher

Träume unterschieden. Freunde rieten ihm daraufhin zu einem Experiment, gaben ihm den Rat, sich vor dem Einschlafen auf eine Frage zu konzentrieren, die unmittelbar mit den UFOs zu tun hatte. Über das Ergebnis dieses Versuchs wollen wir Ed Walters selbst zu Wort kommen lassen: »Als ich am nächsten Morgen erwachte, erfüllte meinen Kopf die Vision eines tropischen Waldes und dazu ein fremdartiges Wort. **Tamacuari**. Irgendwie war mir klar, dass es sich dabei um ein Gebirge in Venezuela handelte ... Im Geist sah ich mich Hunderte Fuß über einer Savanne fliegen, mehr als ein Dutzend riesiger vertikaler Plateaus überragten das Grasland und den entfernten Dschungel. Das Panorama der Savanne verschwand … und deutlich sah ich jetzt den üppigen Dschungel unter mir liegen. Felsberge ragten über die Wipfel, als ich mich einem entfernten Gebirge näherte (Tamacuari?). Plötzlich stürzte ich zur Erde und erwachte … Existierte dieses Gebirge tatsächlich, oder war es nur ein Traum? … Die Frage, die ich mir in dieser Nacht vor dem Einschlafen gestellt hatte, lautete: **Woher kommen die UFOs?** Es schien mir nicht unvernünftig zu schlussfolgern, dass **die Antwort war: von einem Berg namens Tamacuari.** Eine Woche später schreckte mich der gleiche *Traum* aus meinem Schlaf und kehrte von da an manchmal bis zu zweimal in der Woche zurück.« (1)

Was ist also von den Fälschungsvorwürfen zu halten? Die erste Serie von UFO-Aufnahmen datiert in die Zeit vom 11. November 1987 bis zum 1. Mai 1988. Diese Fotos wurden im auch in deutscher Sprache verlegten ersten Buch von Ed Walters veröffentlicht. (80) Am 10. Juni 1990 erschien in der Zeitung *Pensacola News Journal* der Beitrag »Gulf Breeze UFO Model Found«. Dort wurde behauptet, dass das Modell des Walters-UFOs im ehemaligen Wohnhaus der Familie Walters, die zwischenzeitlich ein anderes Domizil bezogen hatte, gefunden worden sei. Die Nachprüfung der Vorwürfe ergab jedoch sehr schnell, dass die Ähnlichkeit des Modells mit den von Ed Walters abgelichteten UFOs nur eine sehr oberflächliche war. Den endgültigen Todesstoß erhielten die Anschuldigungen, als der Nachweis erbracht werden konnte, dass das für das Modell benutzte Blaupapier im September 1989 von Ed Walters als Entwurf für ein von ihm als Architekten zu entwerfendes Bauvorhaben, welches später nicht realisiert werden konnte, verwendet wurde. Das Modell konnte also gar nicht für etwaige Fälschungen der zwischen November 1987 und Mai 1988 entstandenen Aufnahmen herangezogen worden sein. Irgendjemand hatte sich der für Walters später wertlos gewordenen Konstruktionsskizze bemächtigt und daraus ein nicht einmal besonders gelungenes Modell der auf einigen Walters-Fotos in hervorragender Deutlichkeit zu erkennenden UFOs gefertigt. (81,82) Auch die Erklärungen eines Jungen, Tommy Smith, Ed Walters hätte ihm selbst von den Fälschungen berichtet, konnten während eingehender Untersuchungen letztendlich als das erkannt werden, was sie sind – ohne jegliche Substanz. (82)

Dem gegenüber stehen die vielen Fakten, welche die Glaubwürdigkeit von Ed Walters bestätigen. Verschiedene Experten haben sich seiner Fotos und Videos angenommen und sind den Fälschungsvorwürfen auf den Grund gegangen. Bis heute ist es niemandem gelungen, für die mit unterschiedlichem Equipment, an mehreren Orten und zu allen Tageszeiten entstandenen Aufnahmen einen Nachweis zu erbringen, der berechtigte Zweifel an den Aussagen von Walters rechtfertigen würde. Zudem hat er sich allen nur erdenklichen psychologischen Tests, darunter auch mehreren mit dem Lügendetektor, unterzogen. Für ihn sprechen auch die vielen anderen Augenzeugen, die im gleichen Zeitraum in der Region von Gulf Breeze dieselben und andere UFOs gesehen und teilweise fotografiert und mit Videoapparaten aufgenommen haben. Das auch ohne die persönliche Anwesenheit von Ed Walters und oft mit mehreren anderen Sichtungszeugen gemeinsam. (27, 81, 83) Die zu recht so bezeichnete UFO-Welle von Gulf Breeze in Florida hat mit Ed Walters nur ihren wichtigsten Protagonisten gefunden. Das von Ed Walters in Zusammenarbeit mit dem Physiker Bruce Maccabee geschriebene Buch »UFOs Are Real – Here's The Proof« stellt für mich das überhaupt wichtigste Buch zum UFO-Thema dar. (83) Es präsentiert tatsächlich *den Beweis dafür*, dass die UFOs in unserem Luftraum existieren. Leider unterliegen die in ihm gezeigten Aufnahmen einem rigiden Urheberrechtsschutz, so dass sie hier nicht gezeigt werden können. Zusammengefasst: Das Bildmaterial wie auch die Aussagen von Ed Walters stehen für sich – sie sind echt bzw. beanspruchen höchste Glaubwürdigkeit. Warum dann nicht auch sein Hinweis zur UFO-Basis am Tamacuari?

In »Götterwagen und Flugscheiben« hatte ich mich ausführlich mit der Story um Günther Hauck, besser bekannt als Tatunca Nara, auseinandergesetzt. Im Fokus stand dabei besonders dessen Behauptung, im Grenzgebiet von Brasilien zu Venezuela würde ein Stützpunkt reichsdeutscher Kräfte existieren. Ich verwies auf einen von dem Abenteurer Rüdiger Nehberg in einem seiner Bücher veröffentlichten Kartenausschnitt, in dem wichtige mit Tatunca in Zusammenhang stehende geografische Punkte vermerkt worden sind. (84) Dort war jener von dem vorgeblichen Indianerhäuptling als Akahim bezeichneter Ort, der heute noch den Nachkommen jener Deutschen als Basis dienen soll, am Oberlauf des Rio Padauiri (manchmal auch Padauari geschrieben) eingezeichnet. Ich hatte diese Karte damals mit Absicht nicht in meinem Buch abgedruckt. Der Grund: Ich wollte verhindern, dass die genaue zum Tamacuari führende Route zu früh bekannt werden und damit voreilige Zeitgenossen veranlassen würde, noch vor mir zum Hauptquartier der Dritten Macht aufzubrechen. Von daher lokalisierte ich dieses am Osthang des Pico Tamacuari und entsprechend der in meinem Buch gezeigten Ausschnittsvergrößerung einer Brasilien-Karte am Oberlauf des Padauiri. Die Kartenperspektive lässt tatsächlich den Eindruck entstehen, als lägen Tamacuari und Padauiri dicht beisammen, was jedoch allein dem Maßstab der Karte zuzuschreiben ist. In Wirklichkeit liegen dazwischen knapp 40 Kilometer Dschungel, mehrere Flüsse sowie einige andere Berge und Höhenzüge. Der nur verbal erfolgte Hinweis auf Nehbergs Karte schien diesen falschen Eindruck noch zu bestätigen.

Diese Karte nicht zu zeigen, war auch dem Umstand geschuldet, dass Nehberg im Text seines Buches den Namen jenes Flusses verraten hatte, auf dem man tatsächlich bis in die unmittelbare Nähe des Tamacuari gelangen konnte. Dieser war auf seiner Karte auch eingezeichnet, und ein aufmerksamer Leser hätte den Widerspruch bemerken und auf die richtige Spur geführt werden können. Die Leser meines zweiten Buches mögen mir diese Verschleierungstaktik verzeihen, doch wollte ich keinesfalls, dass andere Personen zu Schaden kommen. Allein der Autor dieses Buches hat nicht nur das Recht, sondern auch die Pflicht, dieses größte Geheimnis der letzten beinahe 70 Jahre aufzudecken und sich auch den damit verbundenen Gefahren zu stellen!

Zurück zu Nehbergs Buch. An welcher Stelle hat er den Namen des Flusses verraten, über den ein Zugang zum Tamacuari-Gebiet am besten möglich wird? Ich sage Gebiet, weil, wie man später sehen wird, das Hauptquartier der Dritten Macht wahrscheinlich einen deutlich größeren Einzugsbereich als nur die unmittelbare Gegend dieses Berges umfasst. Als Nehberg von Tatunca wissen wollte, wo Akahim denn in etwa liege, breitete dieser große Generalstabskarten aus: »Er fuhr mit dem Finger den Rio Padauiri hoch, glitt in den Rio Castanhal (korrekte Bezeichnung Rio Castanho, der Autor) und kreiste dann ziellos vor dem Grenzgebirge zu Venezuela.« (84) Ich werde später zeigen, dass damit die exakte Wegbeschreibung zum Hauptquartier der Dritten Macht vorgegeben ist. Wir merken uns schon einmal: Rio Padauiri, diesem jedoch nicht weiter bis zum Oberlauf folgen, sondern vorher in den Rio Castanho abbiegen; vor Erreichen der Grenze zu Venezuela ist man am Ziel angekommen.

Welche Informationen zu unserem Zielgebiet lassen sich von Tatunca Nara noch erfahren? Ausgangspunkt seiner Reisebeschreibungen ist das kleine, am Rio Negro gelegene Städtchen Barcelos, welches vom urbanen Zentrum des Amazonastieflandes, der Großstadt Manaus, entweder mit einem Kleinflugzeug oder über eine je nach Wasserstand bis zu zwei Tage dauernde Schiffsreise zu erreichen ist. Von Barcelos aus geht es mit dem Boot zuerst ca. 300 Kilometer den Rio Negro stromaufwärts, dann folgt man dem sich auf der rechten Flussseite abzweigenden Rio Padauiri. Nach weiteren etwa 200 Kilometern Flussfahrt gelangt man an die Cachoeira Alianca, einen Wasserfall. An diesem Grenzposten der Zivilisation befindet sich eine Einrichtung der FUNAI, der Indianerschutzbehörde, und kontrolliert den Zugang ins Indioland. Von diesem Punkt aus, so Tatunca in einem Interview mit dem Schweizer Autor Erich von Däniken, kann Akahim anfangs mit dem Boot, später dann zu Fuß in etwa sechs Tagen erreicht werden. Bei reichlich 200 Kilometern Luftlinie bis zum Tamacuari eine durchaus glaubhafte Angabe, wird berücksichtigt, dass die Schiffbarkeit der Flüsse an ihren Oberläufen sich immer schwieriger gestaltet. Der Rückweg flussabwärts könnte dann in nur eineinhalb Tagen geschafft werden. (85) Diese Zeitangaben dürften in Abhängigkeit vom Wasserstand noch variieren. Laut Tatunca wäre gerade unter diesem Gesichtspunkt der Monat Oktober für eine Reise ins Grenzgebiet zu Venezuela besonders zu empfehlen, eine Angabe, die ich mir auch von anderen habe bestätigen lassen.

Was erwartet einen am Zielort, eine Dschungelhölle? Tatunca: »Das Ganze ist ja ein Gebirge. Wir sind ja nicht am Rio Negro. Das alles ist sehr harmlos dort oben. Es ist ein ganz gewöhnlicher Wald, wie Sie ihn auch kennen ... Sie werden eine Wolldecke benötigen: Sie werden frieren. Und Sie werden keinen Mann vor sich haben, der sich mühsam mit dem Haumesser durch Lianen schlägt, wie es bei euch so schön heißt.« (85)

Tatunca will die Anlagen von Akahim auch selbst betreten haben. Zur großen Überraschung der ET-Gläubigen, die ihn immer noch als Kronzeugen anführen, vermitteln seine Schilderungen nicht den Eindruck, als wäre die dort beobachtete Technologie außerirdischen Ursprungs gewesen: »Und er führte mich zu einer Höhle ... Es hat sich ein Felstor geöffnet, wir sind durch einen Saal gekommen ... Da stand etwas wie diese Kommode hier. Ich weiß nicht, was für Material es war ... Und darauf ist ein Rad ... das mich am ehesten an eine Autolenkung erinnert ... Vorne angebracht ist etwas wie Lampen ... Davor waren etwas wie Knöpfe ... Das Tor ... ist automatisch zurückgeglitten. Wir sind hindurchgegangen, und dort waren Fernsehschirme ... Ferner: Da stand ein Geländefahrzeug. Es hat Raupen.« (85) Wer bisher noch gezweifelt hat, dem offenbart sich spätestens jetzt statt der erwarteten Merkmale einer Jahrtausende in die Zukunft weisenden Technik ein mit unserer Zeit durchaus kompatibles Know-how.

Interessant ist auch, in welcher Erwartungshaltung Tatuncas Begleiter in früheren Jahren mit ihm zu diversen Dschungeltouren aufgebrochen sind bzw. wie sie ihre Erlebnisse rückblickend betrachten. Beginnen will ich mit John Reed, einem jungen Amerikaner, der Ende des Jahres 1980 in diesem Teil Amazoniens verschollen blieb. Der gegen Tatunca gehegte Mordverdacht konnte bis heute nicht bestätigt werden. Ein deutscher Auswanderer schilderte seine Eindrücke von Reed wie folgt: »Nun, ich weiß nicht, es schien mir so, als ob er ein bisschen phantastisch eingestellt war, er sprach immer von UFOs ..., er war voll von den Ideen der Fliegenden Untertassen, ich glaube, er befasste sich sehr viel damit, und er hatte auch die Absicht, da oben UFOs zu suchen und den Spuren der Fliegenden Untertassen nachzugehen.« (85) Aus meiner Sicht war John Reed ohne Zweifel auf der richtigen Spur, wenn er zu Beginn der Expedition auch noch der Mär von der außerirdischen Urheberschaft der unbekannten Flugobjekte anhing. Aus seinem vorletzten Brief, geschrieben mehr als zwei Wochen nach dem Start der gemeinsamen Expedition, lässt sich unschwer ein Unterton heraushören, der in diesem Punkt einen Sinneswandel andeuten könnte: »Meine Erwartungen an Tatunca und die Dinge, die ich entdecke, sind nicht ganz so, wie ich sie erwartet habe. Aber sie sind noch wahrlich verblüffend.« (84) Hatte ihm Tatunca endlich reinen Wein eingeschenkt? Wenige Tage später, angeblich einen oder zwei Tage von Akahim entfernt, verfasste er seinen letzten Brief: »Heute bin ich los nach Akahim.

Mehr denn je glaube ich an Tatuncas Ehrbarkeit und seine guten Absichten. Macht ihm bitte keinen Ärger – er ist mein guter Freund! Wahrscheinlich werde ich im Frühjahr zurückkehren. Tatunca sagt, dass er meinetwegen um diese Zeit wieder herkommt.« (84) Seit diesem Tag gilt John Reed als vermisst. Fest steht, dass er allein nach Akahim, das heißt in Richtung des Hauptquartiers der Dritten Macht, aufgebrochen ist. Der eingangs zitierte Ausspruch eines Indios: »Aber da kommt heute niemand mehr hin, und wer es dennoch wagt, kehrt nicht mehr zurück«, hat sich in seinem Fall bewahrheitet.

Die Aussagen des Schweizers Ferdinand Schmid werfen ein besonderes Licht gleich auf mehrere Aspekte der Tatunca-Story. Gemeinsam unternahmen die beiden insgesamt acht Expeditionen in die fragliche Region, ohne dass Tatunca freilich jemals die Absicht gehabt hätte, Schmid tatsächlich bis nach Akahim zu führen. Als guter Bekannter Erich von Dänikens war Schmid dem harten Kern der Gläubigen zuzurechnen, die dessen Theorie als Faktum ansahen. Dass die Außerirdischen zur Verschleierung der wahren Hintergründe auch im Falle Akahims herhalten mussten, hatte er lange nicht durchschaut. Ähnlich wie John Reed scheint auch ihm – wie wir noch sehen werden – allerdings zu guter Letzt noch ein Licht aufgegangen zu sein. In »Götterwagen und Flugscheiben« wurde von mir der bemerkenswerte Umstand hervorgehoben, dass eine der Reisen kurz vor dem Zielgebiet abgebrochen werden musste, nachdem mitten im Urwald ein deutsch sprechender Fremder aufgetaucht war, der sein Veto gegen ein weiteres Vordringen der beiden eingelegt zu haben schien. Tatunca tischte Schmid eine kaum glaubhafte Frauengeschichte auf, die ihn zur sofortigen Umkehr zwingen würde. Im Folgenden möchte ich aus einem Interview zitieren, dass der Buchautor Wolfgang Siebenhaar im Jahr 1995 mit Ferdinand Schmid geführt hat. (85) Die Kürzel W.S. und F.S. stehen für den jeweiligen Gesprächspartner.

W.S.: »Was halten Sie von den Vermutungen, dass Tatunca verschiedene Reisebegleiter ermordet haben soll?«

F.S.: » … Ich sagte den Beamten, dass ich nicht glauben könne, dass Tatunca die Ermordeten umgebracht hätte. Sie fragten mich auch, ob ich denn keine Angst gehabt hätte, mit ihm alleine zusammen zu sein. Um es klar zu sagen: Ich hatte, als ich mit ihm zusammen war, nie Angst, und ich weiß, dass ich auch keine Angst haben musste!«

W.S.: »Noch einmal: glauben Sie, dass Tatunca an den Morden beteiligt war?«
F.S.: »Nein, ich glaube es nicht!«

In meinem zweiten Buch gab ich auch einen Hinweis auf die seltsamen pyramidenförmigen Strukturen, die mehrere Begleiter Tatuncas aus der Ferne zu Gesicht bekommen hatten und die zum Einzugsgebiet von Akahim gehören sollen. Eine öffentliche Untersuchung darüber, was es mit diesen Pyramiden auf sich hat, ist bis heute nicht erfolgt.

W.S.: »Konnte man von dort aus auch die Pyramiden sehen?«
F.S.: » … von einem anderen Ort aus habe ich die Pyramiden gesehen und auch fotografiert, und zwar von einer Felswand aus, auf vier Kilometer Distanz.« (ein Bild von den Pyramiden ist zu sehen im Internet bei Google unter dem Stichwort Tatunca Nara, der Autor)
W.S.: »Glauben Sie, dass es sich tatsächlich um künstliche Pyramiden handelt?«
F.S.: »Eine Pyramide bestimmt, und zwar analog zur Cheopspyramide. Sie hat auch die entsprechende Höhe und Neigung, nur ist sie vollständig überwachsen.«

Ob es sich hierbei tatsächlich um künstlich angelegte Strukturen oder aber nur um ein Spiel von Licht und Schatten handelt, das aus dieser Entfernung einen missverständlichen Eindruck hinterlassen hat, wird meine geplante Expedition zum Hauptquartier der Dritten Macht erweisen. Wie ich noch zeigen werde, soll unser Vorstoß weit über den Punkt hinaus führen, den Tatunca und Schmid zuletzt erreichten. Siehe hierzu auch die markierten Stellen auf der Karte in Abbildung 7, die sowohl den Höhenzug, von dem die Fotos aufgenommen wurden, als auch die Pyramiden selbst zeigen.

Co-Autor Mathias Kappel gelang es in »Götterwagen und Flugscheiben« nachzuweisen, dass sich am Tamacuari neben dem Hauptquartier der Dritten Macht – und das ganz und gar nicht zufällig – auch das letzte Refugium jener fliegenden »Götter« der nordischen Bronzezeit befunden hat. Sollte es sich bei den Pyramiden um Bauwerke handeln, dann wäre ihr Ursprung wohl eher auf diese alte Kultur statt auf eine Initiative der Dritten Macht zurückzuführen. Über die wahrscheinliche Lage der antiken Stadt kann sich der Leser ebenfalls anhand von Abbildung 7 informieren.

Wie hat Ferdinand Schmid seine Erlebnisse mit Tatunca rückblickend gesehen?

W.S.: »Und was ist mit Akahim? Auch nur ein Märchen?«
F.S.: »Das möchte ich nicht sagen. Ich vermute, dass dort etwas ist und Tatunca nicht unbedingt unrecht hat, wenn er angibt, dass da etwas ist. Ich halte es für möglich, dass dort eine Basis existiert.«

Dem ist aus meiner Sicht nichts hinzuzufügen.
Eine letzte Frage bleibt, die auch Wolfgang Siebenhaar bewegt hat.

W.S.: »Und in welchem Zusammenhang steht Tatunca damit?«
F.S.: »Das ist wieder etwas anderes. Es ist gut möglich, dass er davon gehört hat; aus welchen Kanälen er seine Informationen bezog, entzieht sich meiner Kenntnis.«

Was Ferdinand Schmid nicht wusste, können wir heute als geklärt betrachten. Zuerst einmal gilt inzwischen als gesichert, dass es sich bei Tatunca Nara um den deutschen Staatsbürger Günther Hauck handelt, der Ende der 60er Jahre des letzten Jahrhunderts nach Brasilien gelangt ist. Als Deutscher erwies er sich anscheinend in höherem Maße sensibilisiert als die am Padauiri siedelnden Indios und Caboclos (Mischlinge zwischen Indios und Portugiesen) für die Vorgänge, die sich so unmittelbar vor seiner Haustür abspielten. Fest steht, Tatunca hatte jahrelang am Padauiri eine Pflanzung betrieben, kam sicherlich mit den Anrainern des Flusses ins Gespräch und erfuhr auch, was die vorbei ziehenden, Handel treibenden Yanomami Indios berichteten. (84) Aufschlussreich ist vor allem ein Papier, das sich in den Akten der brasilianischen Staatsanwaltschaft befindet. Darin berichtet ein nicht genannter Informant, dass er im Jahre 1972 mit einer Militärpatrouille eine Exkursion zum Rio Padauiri unternommen hatte, bei der er erstmals Tatunca kennenlernte. »Bei diesem Anlass erfuhr der Informant, dass Tatunca Nara Agent des brasilianischen Staatssicherheitsdienstes SNI und des Militärkommandos von Manaus war und guten Kontakt zum damaligen Major Thaumaturgo hatte, der heute General ist.« (84) General Thaumaturgo Sotero Vaz, der sich nunmehr im Ruhestand befindet, diente über viele Jahre als Stabschef des für die Amazonasregion zuständigen Armeekommandos und befehligte als Kommandeur der »Schwarzen Barette« die Spezialeinsatzkommandos der brasilianischen Armee. Er erwarb seine Meriten Anfang der 70er Jahre des letzten Jahrhunderts im Kampf gegen die brasilianische Guerilla und verfolgte später in den endlosen Weiten des Dschungeltieflandes gnadenlos Drogenhändler und illegale Goldschürfer. Von daher muss er über eine intime Kenntnis der Vorgänge im Grenzgebiet zu Venezuela verfügen. Wenn einer etwas über das Hauptquartier der Dritten Macht am Tamacuari auszusagen weiß, dann dieser verdiente Dschungelkrieger. Eine Herausforderung für Journalisten, den sich in den 70ern befindlichen General zu befragen, solange er noch lebt! Neben der Tatsache, dass Tatunca jahrelang als Pflanzer und versierter Waldläufer im unmittelbaren Einzugsbereich der Tamacuari-Region zugebracht hat, dürfte die Bekanntschaft mit General Thaumaturgo also eine weitere Quelle seines Wissens gewesen sein.

Was ist aus Tatunca Nara geworden? Nach den Aussagen von Martin Klenke, einem deutschen Konsul h.c. in Manaus, hat er sich 2003 in Venezuela für verrückt erklären lassen. Auf diese Weise hat er eventuell doch noch zu erwartenden juristischen Anwürfen erfolgreich einen Riegel vorgeschoben. (86) Verfolgt man die aktuellen Interneteinträge über ihn, so lebt er heute einige Kilometer außerhalb von Barcelos auf einer kleinen Farm und steht für Fragen zu den Themen rund um Akakor nach wie vor zur Verfügung. (87) Als begnadetem Geschichtenerzähler, dem sein Mix aus Wahrheit und Fiktion schon in Fleisch und Blut übergegangen ist, wird ihm die Kundschaft wohl niemals ausgehen. Ich werde versuchen, anlässlich meiner geplanten Expedition mit ihm Kontakt aufzunehmen. Tatunca – bleiben wir ruhig bei diesem Namen, unter dem er öffentliche Aufmerksamkeit erlangt hat, ist am 5. Oktober 2011 70 Jahre alt geworden. Man kann nicht ausschließen, dass bei ihm nach Überschreiten dieser Altersgrenze ein Umdenken einsetzt mit der Folge, endlich der Wahrheit ans Licht zu verhelfen. Überzeugt bin ich davon nicht, aber einen Versuch ist es allemal wert.

Meine ersten eigenen Bemühungen, Informationen über eine Expedition zum Pico Tamacuari zu sammeln, begannen ganz trivial – mit einer Anfrage bei einem Reisebüro. Gegen genügend Geld, dachte ich, sollte doch alles machbar sein. Wenn, wie ich dem Internet entnehmen konnte, Touren zum ca. 100 Kilometer westwärts vom Tamacuari gelegenen Pico de Neblina, dem höchsten Berg Brasiliens, organisiert werden, warum dann nicht auch zum landschaftlich vielleicht nicht ganz so spektakulären Tamacuari? Kurze Zeit, nachdem ich meine Anfrage an einen bekannten Anbieter von Dschungeltouren in Venezuela, der auch einen deutschsprachigen Service anbietet, per E-Mail abgeschickt hatte, erhielt ich eine erste Anlass zur Hoffnung gebende Antwort: »Danke für die Anfrage, gerne unterbreiten wir ein Angebot. Eine Tour ist möglich und würde in Sao Gabriel am Rio Negro starten.« Klingt nicht so, als wäre das Gebiet besonders geheimnisumwittert, dachte ich. Was mich allerdings stutzig machte, war die Erwähnung des brasilianischen Ortes Sao Gabriel, der nach meiner Kenntnis als Ausgangspunkt für Trekkingtouren zum Neblina-Massiv benutzt wurde. Diese waren zeitraubend und anstrengend genug. Wie dann aber noch die 100 Kilometer durch unwegsamen Dschungel und über Berg und Tal bis zum Tamacuari zurückgelegt werden konnten, ohne Monate für Hin- und Rückweg einplanen zu müssen, blieb mir vorerst ein Rätsel. Also formulierte ich an den Anbieter einige weitere konkretisierende Fragen: »Vielen Dank für die schnelle Antwort. Sao Gabriel ist für Neblina-Touren gut geeignet? Der Tamacuari liegt ja ziemlich weit östlich davon. Wie wäre der genaue Tourverlauf? Welche Dauer müsste veranschlagt werden? Hat die Agentur diese Tour schon einmal durchgeführt? Der Gipfel des Berges müsste genau auf der Grenze zwischen Brasilien und Venezuela liegen. Entstehen daraus Probleme? Was ist mit den Bestimmungen bezüglich der Lage im Indianerschutzgebiet? Hat die Agentur Bilder vom Gipfel in ihrem Archiv? Mit welchen Kosten ist pro Person etwa zu rechnen?« Die Antwort führte bei mir schon zu merklicher Ernüchterung: »Wir haben diese Expedition noch nicht gemacht, und Bilder haben wir auch keine. Wir kennen aber das Gebiet und waren öfters auf dem Neblina. Der Aufstieg ist aber etwas schwieriger, aber genauere Angaben zu machen, warte ich noch auf die Beschreibung eines örtlichen Führers. Eine Expedition dieser Größenordnung dauert ca. 20 Tage, und die Kosten für vier Personen liegen bei ca. 50.000 Euro ab/bis Manaus. Falls aber ein Helikopter benötigt werden sollte, würde es einiges mehr kosten.« So weit, so gut. Ich merkte, hier hatte jemand keine Ahnung, keine Erfahrung und völlig falsche Vorstellungen von dem für die vorgeschlagene Strecke erforderlichen Zeitaufwand.

Nach einigen Tagen hakte ich nach: »Konnten Sie bei dem zuständigen Führer vor Ort schon etwas in Erfahrung bringen? Habe von einem Bekannten erfahren, dass das Gebiet um den Pico Tamacuari militärisches Sperrgebiet sein soll? Können Sie das bestätigen?« Die Antwort: »Ja, das können wir bestätigen, was aber nicht heißt, dass man da nicht hin kann.« Etwa eine Woche nach dieser lakonischen Antwort versuchte ich es erneut, indem ich meine letzte E-Mail einfach als Wiederholung sendete. Auf eine Reaktion warte ich bis heute vergeblich. So oder ähnlich liefen alle weiteren Bemühungen um Kontaktaufnahme ab. Kein Tourenveranstalter sah sich in der Lage, mir ein qualifiziertes Angebot zu unterbreiten, bis ich, ja bis ich beinahe durch einen Zufall auf den renommiertesten Reiseführer für diese Region stieß, den man sich vorstellen kann. Es handelt sich nicht um Tatunca Nara, wie so mancher Schelm jetzt vielleicht denken mag! Von diesem profunden Landeskenner erfuhr ich, dass das Gebiet nördlich der Cachoeira Alianca, jenem Wasserfall, an dem sich auch der letzte FUNAI-Posten befindet, eine generelle No-Go-Area darstellt. Überrascht hat mich auch die Auskunft, dass seit kurzem auch das Neblina-Gebiet nicht mehr von Touristen betreten werden darf, dass einige Reiseagenturen aus diesem Grund sogar schon für gebuchte Touren den Reisepreis zurückerstatten mussten. Die Isolierung dieses Großraumes, von dem ich sicher bin, dass er das Hauptquartier der Dritten Macht verbirgt, schreitet demnach voran! Und trotzdem existiert eine Zugangsmöglichkeit, über die ich aus verständlichen Gründen, soll die Expedition nicht gefährdet werden, hier nichts berichten kann.

Für welche Wegstrecke haben wir uns letztendlich entschieden (siehe Abbildung 7): Wir beabsichtigen, den Rio Castanho mit dem Boot aufwärts zu fahren bis zu jenem Punkt, den Tatunca Nara und Ferdinand Schmid bzw. auch John Reed schon erreicht haben. Je nach Wasserstand können dann die wenigen noch bis zu den Pyramiden verbleibenden Kilometer auch mit dem Boot oder müssen im anderen Fall zu Fuß durch den Dschungel zurückgelegt werden. Die reichlich zwanzig Kilometer, die von da bis zum Tamacuari zu absolvieren sind, führen, wie die Karte zeigt, durch eine Art Canyon und enden vor einem seltsam unnatürlich aussehenden Einschnitt am Osthang des Berges. (Abbildung 8) Hier vermute ich den Eingang zum unterirdischen Refugium der Dritten Macht, wie auch zu den Höhlen, in denen die Überreste jener Kultur lagern, deren Weg um die Welt mein Kollege Mathias Kappel so präzise nachgezeichnet hat. Der ganze Gebirgszug, von dem der Pico Tamacuari nur einen Teil darstellt, die Serra do Tapirapeco, erstreckt sich über eine Länge von ca. 100 und eine Breite von etwa 20

Kilometern. Meiner Meinung nach umfasst das Hauptquartier der Dritten Macht davon das klar abgegrenzte Gebiet, wie ich es in Abbildung 9 markiert habe, und hat damit eine Ausdehnung von annähernd 35 Kilometern in der Länge und bis zu 20 Kilometern in der Breite.

Wir hatten ursprünglich geplant, den Rückweg über den Rio Marari anzutreten, indem das Boot, das uns den Rio Castanho hinaufbringen soll, diesen nach unserer Absetzung zurückfährt, in den Marari einbiegt und uns damit den beschwerlichen Rückmarsch vom Tamacuari zum Castanho ersparen hilft. Wie mir mein Gewährsmann mitteilte, befindet sich am Rio Marari, unweit des Rio Padauiri, eine amerikanische Missionsstation. Deren »Betreiber« achten nicht nur eifersüchtig darauf, dass niemand sonst mit ihren Schäflein, den Yanomami Indios, in Kontakt tritt, sondern sie scheinen darüber hinaus im Auftrag der Amerikaner eine nach außen unauffällige Überwachung des fraglichen Gebietes vorzunehmen. Kurzum, um einer Begegnung mit diesen netten Leuten aus dem Wege zu gehen, werden wir nicht umhin können, in Richtung Castanho zurück zu marschieren. Dabei werden wir nach der Besteigung des 2.340 Meter hohen Tamacuari und der damit verbundenen Rundumsicht den für uns am besten geeigneten Weg auszumachen suchen, der uns auf jene Hochebene führt, auf der sich allen Anzeichen nach über ca. fünf Kilometer in der Länge und 1.000 Meter in der Breite die Ruinen der oberirdisch gelegenen Stadt der fliegenden »Götter« erstrecken. (siehe die regelmäßigen Strukturen in Abbildung 10) Einem Abstieg zum Rio Castanho weiter östlich sollte dem vorhandenen Kartenmaterial nach nichts im Wege stehen. Die Gesamtdauer unserer Expedition ist auf vier Wochen veranschlagt.

Wie werden wir im Hauptquartier der Dritten Macht empfangen werden? Wie gelangt man überhaupt ins Innere jener Festung, um die es sich ohne Zweifel handelt? Tatunca sprach von einem Felstor, das automatisch zurückgeglitten ist. Diese Vorstellung erscheint mir durchaus realistisch. Da eine Versorgung des Hauptquartiers auf dem Landweg aufgrund des Geländes und der Vermeidung von Spuren kaum möglich erscheint, dürfte der Transport von Gütern und Menschen im Regelfall durch die Luft erfolgen. Die hierfür in Betracht kommenden Flugscheiben, sofern sie in dieser Zone heute nicht generell im Unsichtbarkeitsmodus operieren, verschwinden damit direkt im Berg. Nicht ausgeschlossen werden kann, ja es ist überaus wahrscheinlich, dass in der Phase ihrer Annäherung ein System der adaptiven Camouflage aktiviert wird, wie ich es im zweiten Kapitel beschrieben habe. Den Zugang zum Hauptquartier durch sorgfältige Beobachtung über mehrere Tage hinweg bzw. durch eine im Nachtrag zu diesem Buch beschriebene Methode zu entdecken, stellt vielleicht noch die geringste Schwierigkeit dar. Das große Problem nach Meinung all derer, die mit unserem Projekt vertraut sind, dürfte die Art und Weise des Empfangs durch die Angehörigen der Dritten Macht sein. In dieser Frage vertraue ich jedoch blindlings meiner Eingebung, die mir sagt, es wird schon gutgehen. Jede andere Einstellung würde die Expedition von Beginn an zum Scheitern verurteilt sein lassen. Im Moment dieses Erstkontaktes beginnt auch für mich die Zeitenwende, wird der Blick in eine Zukunft möglich, die sich bis dahin nur erahnen ließ. Auf geht's!

7.

Ein ungewöhnlicher Nachtrag

Alles begann mit einem 1972 veröffentlichten Bericht der Defense Intelligence Agency (DIA) über vermehrte Anstrengungen der sowjetischen Heeresleitung und des KGB hinsichtlich einer möglichen Nutzbarmachung telepathischer Kommunikation, Telekinese und Bionik. Der wohl entscheidende Satz, der daraufhin einige Verantwortliche in den Vereinigten Staaten zum Handeln zwang, lautete: »Das sowjetische Wissen auf diesem Gebiet ist dem westlichen überlegen.« (88) Die CIA erteilte noch im selben Jahr dem Stanford Research Institute (SRI) einen auf acht Monate befristeten Forschungsauftrag mit dem Ziel, herauszufinden, ob eine militärische Anwendung solcher Fähigkeiten, sofern sie sich überhaupt nachweisen ließen, zukünftig in Frage kommen könnte, und unterstützte die Untersucher am SRI mit vorerst 50.000 Dollar. Der Leiter des Forschungsprojektes war der uns hinlänglich bekannte Hal Puthoff, der viele Jahre später mit seinen Veröffentlichungen zum Nullpunktenergiefeld für Furore sorgte. Aus diesen ersten, eher noch bescheidenen Kontakten entwickelte sich über die nächsten Jahre und Jahrzehnte bis 1995 eine gedeihliche Zusammenarbeit zwischen Wissenschaftlern und Militärs. Die Arbeiten von Puthoff und seinem Team konnten die Relevanz des heute als Remote Viewing (abgekürzt RV) bekannten Phänomens beweisen, was wiederum verschiedene US-Geheimdienste veranlasste, die praktische Umsetzung der am SRI gewonnenen Erkenntnisse voranzutreiben. Unter höchster Geheimhaltung, versehen mit Tarnbezeichnungen wie Grill Flame, Center Lane und Star Gate, liefen die der militärischen Aufklärung dienenden RV-Projekte bis Mitte der 80er Jahre des letzten Jahrhunderts recht erfolgreich. Insgesamt wurden sie angeblich mit ca. 20 Millionen Dollar finanziert. Irgendwann jedoch versteifte sich der Widerstand gegen die so ganz und gar jenseits des Althergebrachten liegenden Aufklärungsmethoden hauptsächlich aus den Reihen konservativer und fundamental christlicher Militärs, die das, was in der Einheit der PSI-Spione vorging, mit ihrem Weltbild nicht in Einklang zu bringen vermochten. Die Beurteilung einer im Jahr 1995 von der CIA, die das RV-Programm nach vielen Jahren, da es bei anderen Geheimdiensten angesiedelt war, wieder unter ihre Obhut genommen hatte, beauftragten kleinen Consultingfirma leitete dann das Ende der unter der Ägide des US-Militärs laufenden Aktivitäten ein. Dabei waren den Untersuchern aus Geheimhaltungsgründen nur schätzungsweise ein bis zwei Prozent des entsprechenden Materials zur Verfügung gestellt worden. Der Untersuchungszeitraum erstreckte sich zudem lediglich auf die Jahre von 1993 bis 1995, als das Projekt aus den oben genannten Gründen sowieso schon in den letzten Zügen lag. Die erfolgreichsten PSI-Spione, auch Remote Viewer oder schlicht Seher genannt, waren damals längst im wohlverdienten Ruhestand. Im Ergebnis dieser mit unzulänglichen Methoden geführten Analyse verfestigte sich in der Öffentlichkeit der Eindruck, als hätte die US-Regierung über viele Jahre Steuermittel in offensichtlichen Humbug investiert. Dass dem nicht so war, lässt sich sowohl den Untersuchungen kritisch eingestellter Journalisten als auch den Zeitzeugenberichten der an den Projekten beteiligten Seher entnehmen. (88,89,90)

Was ist unter Remote Viewing zu verstehen? Es ist die Fähigkeit, mit Hilfe mentaler Prozesse detaillierte Informationen über Orte, Objekte, Personen und Ereignisse zu gewinnen, die mit den gebräuchlichen fünf Sinnen nicht erfasst werden können, unabhängig von deren Entfernung, ihrer zeitlichen Einordnung bzw. einer eventuell versuchten Abschirmung. (91) Man könnte dieses Phänomen auch einfach als Fernwahrnehmung bezeichnen.

Manch einer mag sich jetzt die Frage stellen, was das alles mit dem Thema Dritte Macht zu tun hat. Die Antwort: Sehr viel sogar! Remote Viewing könnte uns ganz entscheidend dabei behilflich sein, das Hauptquartier der Dritten Macht am Pico Tamacuari noch vor Beginn unserer Expedition aufzuklären, zumindest so weit, dass wir in diesem ausgedehnten Gebiet nicht an der falschen Stelle unsere wertvolle Kraft und Zeit verschwenden. Das natürlich nur innerhalb der durch dieses Verfahren selbst gesetzten Grenzen. Dazu später mehr. **Darüber hinaus sollte es möglich sein, auf diese Weise auch Erkenntnisse über andere uns interessierende Örtlichkeiten auf dem Globus zu gewinnen, wie über die immer noch nicht freigelegten unterirdischen Anlagen der Colonia Dignidad, die in diesem Buch beschriebenen Unterseestützpunkte der Dritten Macht sowie auch über die in den letzten Wochen des 2. Weltkrieges in Thüringen und anderswo versiegelten »Tresore«, über die uns u.a. die Quelle »X« aufgeklärt hat.** Und wie wir sehen werden, sind damit die Möglichkeiten des Remote Viewing noch längst nicht ausgeschöpft. **Auch der Mars kann zum Ziel dieser Aufklärungsmethode erkoren werden. Selbst der in der Nähe von Waldenburg, in Schlesien, gelegene Ort, wo die letzten uns bekannten**

Experimente zum Projekt »Die Glocke« stattgefunden haben, könnte uns seine Geheimnisse offenbaren. Wie das möglich sein soll? Die wohl erstaunlichste Eigenschaft des Remote Viewing, welche schon die Wissenschaftler am SRI, später mehr durch Zufall aber auch die PSI-Spione des Militärs herausgefunden haben, ist, dass es zeitlos funktioniert. Ein PSI-Agent, der auf ein definiertes Zielobjekt in einem klar abgegrenzten Zeitintervall der Vergangenheit angesetzt wird, »sieht« sozusagen die Geschichte dieses Ortes, die damals handelnden Menschen und wie diese mit den Ereignissen jener Zeit verwoben sind. Schwieriger scheint dagegen zu sein, die Gründe hierfür sind noch nicht bekannt, einen Blick in die Zukunft zu wagen, obwohl während der verschiedenen Projekte der US-Militärs auch in diese Richtung des Zeitstrahles erfolgreiche Aufklärungsmissionen unternommen worden sind. (88,89) **Die immense Bedeutung des Remote Viewing für das Thema Dritte Macht dürfte damit deutlich geworden sein.** Aus diesem Grund möchte ich noch um einiges mehr auf dieses Verfahren der Fernwahrnehmung eingehen.

Völlig unbekannt ist gegenwärtig noch der Träger der gewonnenen Information. Die Russen hatten ursprünglich angenommen, es müsste sich um elektromagnetische Felder mit extrem niedriger Frequenz handeln. Am SRI hatte man über mehrere Versuchsreihen bis hin zu Experimenten in Faradayschen Käfigen ebenfalls alle anderen Möglichkeiten des elektromagnetischen Spektrums ausgeschlossen. Den Beweis, dass die Russen mit ihrer Theorie unrecht hatten, erbrachten letztlich Versuche in tief tauchenden U-Booten. Remote Viewing funktionierte auch unter diesen Bedingungen ausgezeichnet, was aufgrund der abschirmenden Wirkung einer großen Menge Wasser auf diese niederfrequenten elektromagnetischen Felder ansonsten nicht der Fall gewesen wäre. (89) Das bedeutet, im Gegensatz zu allen anderen in diesem Buch vorgestellten Verfahren, unterirdische Anlagen gegen jede Art der Aufklärung erfolgreich zu tarnen, existiert für uns gegenwärtig keine Methode, mit der PSI-Spione abgewehrt werden können. Ob die Dritte Macht in dieser Frage größere Fortschritte erzielt hat, vermag ich nicht zu sagen. Dagegen könnte eine Aussage sprechen, die im Zusammenhang mit unserem Thema natürlich besonders interessant ist und die der ehemalige Kommandierende des United States Army Intelligence and Security Command (INSCOM), Albert N. Stubblebine, vor Jahren geäußert hat. Stubblebine, der während seiner Amtszeit von 1981 bis 1984 die damals unter seinem Kommando stehenden PSI-Spione besonders förderte, sagte unter anderem: »Ich möchte nur erwähnen, dass es künstliche Strukturen unter der Marsoberfläche gibt … und dass es Maschinen unter der Marsoberfläche gibt, die man sich ansehen kann. Man kann Details beobachten, man kann sehen, welche Funktionen sie haben, wo sie sind, wer sie sind und viele Details über sie erfahren … alles durch Remote Viewing.« (88) Wer »sie« sind, darüber erfahren wir leider nichts. Aufgrund der schon angesprochenen Widerstände aus konservativen und fundamental-christlichen Kreisen wurden derartige Aufklärungsergebnisse nicht für voll genommen. Selbst die gegenüber dem Thema Remote Viewing Aufgeschlossenen unter den hochrangigen Militärs konnten sich immer darauf zurückziehen, dass bezüglich der künstlichen Strukturen auf dem Mars bestätigende, mit anderen Aufklärungsmethoden gewonnene Fakten nicht vorlägen und eine gewisse Irrtumswahrscheinlichkeit von den Sehern selbst nicht abgestritten würde. Von den Verfechtern des Remote Viewing wurde tatsächlich wiederholt kommuniziert, dass ein gut veranlagter Seher, der zudem einen intensiven Ausbildungsprozess absolviert hat, nur bei 50 bis 60% der Versuche einen Kontakt mit dem vorgegebenen Ziel herzustellen und dann 30 bis 80% der gewonnenen Eindrücke korrekt wiederzugeben in der Lage ist. (91) Hinzu kommt, dass jeder Seher seine speziellen Fähigkeiten hat; der eine kann sich besser auf technische Anlagen konzentrieren, ein anderer vermag sich besonders gut bei menschlichen Zielen einzuhaken, ein dritter versteht es, mental Schritt für Schritt eine Ortsbegehung vorzunehmen. (88) Die Lösung des Problems, wie sie von den PSI-Spionen in den USA praktiziert worden ist: Mehrfache Sitzungen eines Sehers zu einem Zielobjekt bzw. eine ausgeprägte Teamarbeit. Sehr oft, aber nicht immer, konnte damit eine hinreichende Genauigkeit des RV-Prozesses erzielt werden.

Nach den am SRI gewonnenen Erkenntnissen kann prinzipiell jeder Mensch als Remote Viewer tätig werden. Wie bei allen anderen persönlichen Eigenschaften auch ist der Grad der Begabung natürlich unterschiedlich. Beim US-Militär wurden die über einen vom SRI entwickelten Eignungstest ausgewählten Seher über eine konzentrierte einjährige Ausbildung an ihre Aufgaben als PSI-Spione herangeführt.

Vorwiegend zwei Methoden des Remote Viewing werden zur Anwendung gebracht. Die eine wird als Extended Remote Viewing (ERV) bezeichnet und ist am besten vergleichbar mit einer »Reise«, unternommen unter schlafähnlichen Bewusstseinszuständen; die andere, das so genannte Coordinate Remote Viewing (CRV), verläuft anhand eines vorgegebenen Algorithmus über bis zu sechs Stufen, wobei auf jeder Stufe immer differenziertere Informationen ins Bewusstsein gelangen. Remote Viewing ist nicht nur ein »Sehen« an sich, es werden darüber hinaus Eindrücke wahrgenommen wie »Riechen«, »Schmecken«, »Fühlen«, im Grunde genommen alles nur Übersetzungen unseres Bewusstseins der aus dem allumfassenden Informationsspeicher, auch Matrix genannt, abgerufenen Wahrnehmungen. Neben der verbalen und zeichnerischen Wiedergabe steht in der höchsten Stufe des Coordinate Remote Viewing die plastische Formgebung des Zielobjektes. Wurden anfänglich tatsächlich reale Koordinaten für die Zielklassifizierung verwandt, so ist das seit vielen Jahren nicht mehr der Fall, nachdem die am Remote Viewing Beteiligten erkennen konnten, dass eine vom Auftraggeber mit einem Zufallscomputer generierte Zahlenkombination zu gleichermaßen guten Ergebnissen führte. Die Verbindung von Zielobjekt und »Koordinate« scheint durch den geistigen Prozess der Festlegung seitens des Auftraggebers in der »Matrix« kodiert zu sein. Ist die Fokussierung auf das Ziel gelungen, kann die mentale Reise beginnen.

Probleme beim Remote Viewing können dann auftauchen, wenn die Gewinnung alphanumerischer Daten angestrebt wird. Die Konzentration auf Zahlen oder Buchstaben scheint die während einer Sitzung »ruhig gestellte« linke Gehirnhälfte, die für das rationale Denken verantwortlich zeichnet, zu aktivieren, was in den meisten Fällen zu einer Unterbrechung des RV Prozesses führt. (88, 89)

Grundvoraussetzung für eine wissenschaftlich saubere Herangehensweise ist, dass sowohl der Seher als auch der ihn im Regelfall während der RV-Sitzung betreuende »Monitor« vorab über keine Kenntnis vom zu untersuchenden Ort, Gegenstand oder der Zielperson verfügen. Auf diese Weise wird verhindert, dass es während des RV-Prozesses zu einer Überlappung mit den Projektionen der eigenen Phantasie kommt, die natürlich im Interesse einer exakten RV-Wahrnehmung unbedingt zu vermeiden ist. (88,89) Für die von uns geplante praktische Anwendung zum Beispiel bezüglich des Tamacuari-Gebietes heißt das in letzter Konsequenz, dass wir, die wir von der Bedeutung dieser Region eine Vorstellung haben, am schlechtesten als Remote Viewer geeignet sind. Wir werden demnach als Auftraggeber fungieren und externe Hilfe in Anspruch nehmen müssen.

Zu guter Letzt bleibt noch die Frage zu beantworten, ob eine wissenschaftliche Erklärung für das Phänomen des Remote Viewing gefunden werden kann. Es gibt Wissenschaftler, die zu der Überzeugung gelangt sind, dass unser Universum und damit auch unser Gehirn wie ein Hologramm strukturiert sind. (92,93) Ohne die Theorie vom holografischen Universum hier ausführlich darstellen zu wollen – das haben andere auch für den physikalisch nur eingeschränkt vorgebildeten Leser viel besser getan – möchte ich an dieser Stelle jene Elemente herausgreifen, die eine Verbindung zum Remote Viewing erkennen lassen. Der Schein der Ortsgebundenheit aller »Dinge« bricht zusammen, wenn etwas holografisch organisiert ist. »Die Aussage, dass jedes Teilstück eines holografischen Films sämtliche Informationen enthält, die dem Ganzen eigen sind, bedeutet doch im Grunde nur, dass die Informationen verteilt, also nicht an einen Ort gebunden sind … Die Aufspaltung der Realität in Einzelteile und die Benennung dieser Teile sind stets willkürlich, eine Sache der Konvention … die Annahme, dass unser Gehirn Objekte konstruiert, verblasst neben einer anderen Schlussfolgerung … dass wir sogar Raum und Zeit konstruieren.« (93) Das bedeutet, in einem holografischen Universum, wo alles miteinander vernetzt ist (die »Matrix«), sprechen wir von einer Nichtlokalität und Nichtzeitlichkeit. Remote Viewing ist dann nichts, worüber wir uns wundern müssten.

8.

Anmerkungen zu einem Jubiläum

Am 11. September 2011 jährten sich die Anschläge auf das World Trade Center in New York und auf das Pentagon zum zehnten Mal. In meinen ersten beiden Büchern hatte ich ausführlich einen Ablauf der Ereignisse dargestellt, wie er in dieser Sicht sowohl den Verlautbarungen der US-Regierung als auch sämtlichen konkurrierenden Auffassungen widerspricht. Nach eingehendem Studium der im Sommer 2011 erschienenen Jubiläumslektüre kann ich konstatieren, dass meine Theorie, die die Dritte Macht als Urheber annimmt, nicht nur keiner Revision unterzogen zu werden braucht, sondern im Detail sogar zusätzliche Unterstützung erfährt.

Zur Erinnerung – meine alternative Erklärung der Vorgänge um den 11. September hatte folgende bis dato übersehene oder kaum beachtete Gesichtspunkte zur Grundlage:

1. Kurz vor den Ereignissen fanden an den Börsen in einem für das normale Tagesgeschäft außergewöhnlichen Umfang Transaktionen statt, die im Nachhinein nur als Insidergeschäfte großen Stils bezeichnet werden können. Die Spur führte, wie der Luxemburger Finanz-Experte Ernest Backes frühzeitig erkannte, zu Konten einer Organisation, die von dem Schweizer Rechtsanwalt Francois Genoud gegründet worden war. Mit einer Vielzahl an Argumenten konnte ich diesen als Kontaktmann, Vertreter oder wie immer man das bezeichnen will, der Dritten Macht überführen. (2)
2. Ausgehend von den Ermittlungsergebnissen des Journalisten Christian C. Walther, dass es eben nicht die drei entführten Flugzeuge gewesen sein konnten, die in die Türme des World Trade Center sowie in das Pentagon gestürzt waren, weil keine dieser Maschinen nach den Aufzeichnungen der Fluglotsen zuvor wirklich die dafür erforderliche Kurskorrektur durchgeführt hatte, fragte ich, mit welcher uns unbekannten Technologie denn deren plötzliches Verschwinden von den Radarschirmen sonst wohl zu erklären sei. Auch die Frage, woher so plötzlich die drei unbekannten »Eindringlinge«, die letztendlich für das Desaster am Boden verantwortlich zeichneten, gekommen sind, ist nur im Kontext der Anwendung einer Unsichtbarkeitstechnologie zu beantworten. (2)

Im Folgenden möchte ich einige Passagen aus dem 2011 erschienen Buch von Christian C. Walther und Mathias Bröckers aufgreifen, die den bisher erreichten Ermittlungsstand zu diesen Punkten rekapitulieren. Selbstkritisch schreiben die beiden, von den offiziellen Medien häufig als Verschwörungstheoretiker bezeichneten Autoren zu Beginn: »Auch wir kennen die Wahrheit des 11. Septembers nicht, wir wissen nicht, was an diesem Tag wirklich geschah; aber wir kennen die Lügen über den 11. September, und wir wissen, wer sie in die Welt gesetzt hat.« Sie sind sich nicht einmal sicher, ob die arabischen Märtyrer überhaupt von ihrem Märtyrerplan wussten, oder nur der sie geschickt in den Flugzeugen Platzierende, der dann auch für die dubiosen »Beweise« sorgte, welche die Ermittlungen in eine bestimmte Richtung drängen sollten, wie zum Beispiel die auf die vermeintlichen Attentäter hinweisenden Reisepässe, die das Inferno im WTC angeblich unversehrt überstanden hatten. (94)

Die beiden Autoren bestätigen auch noch einmal den Umfang der auf einem klaren Vorauswissen beruhenden finanziellen Transaktionen im Vorfeld der Anschläge: »In den Tagen vor 9/11 lag etwa das Handelsvolumen von United Airlines 285-fach, das von Marsh & Lehmann 93-fach und das von American Airlines 60-fach über dem Durchschnitt.« (94) Obwohl sich, wie gesagt, schon im September 2001 klar abzeichnete, wohin die überwiegend über Leerverkäufe von Aktien der von den Ereignissen besonders betroffenen Unternehmen realisierten Gewinne geflossen waren, wurden weitere Nachforschungen systematisch vertuscht, so dass bis heute – obwohl dies aufgrund der im Wertpapierhandel üblichen Clearingsysteme leicht möglich gewesen wäre – die finanziellen Profiteure der Anschläge, sprich die Hintermänner der von Francois Genoud geschaffenen Tarnorganisation der Dritten Macht, nicht identifiziert werden konnten, besser gesagt, sollten.

Eine Frage konnte auch ich mir in den zurückliegenden Jahren nicht plausibel beantworten. Warum wurde Flug United Airlines 93 – die Maschine stürzte bekanntlich über Pennsylvania ab – nicht wie die anderen drei Maschinen durch die mit Unsichtbarkeitstechnologie operierenden Flugobjekte der Dritten Macht vereinnahmt? Lag es wirklich daran, dass die Passagiere des entführten Flugzeuges meuterten und in der Folge die Maschine, noch bevor sie abgefangen werden konnte, abstürzte? Neue, von Bröckers und Walther offengelegte Tatsachen deuten darauf hin: »Wir können als amtlich belegt ansehen: Unmittelbar vor dem Crash des Fluges 93 befand sich in unmittelbarer Nähe der Maschine sowie der Absturzstelle ein weiteres Flugzeug, in 6.000 Fuß Höhe, von Zeugen als so groß wie eine Passagiermaschine beschrieben. Ein Flugzeug, das aus unerfindlichen Gründen die Glühbirnen am Boden zum Flackern brachte – was normale Flugzeuge eben nicht tun … und dessen Identität von offizieller Seite bis heute wahlweise nicht ermittelt oder der Öffentlichkeit vorenthalten wurde.« (94) Die Autoren haben völlig recht, normale Flugzeuge bringen Glühbirnen am Boden nicht zum Flackern. Ergänzend kann hinzugefügt werden: Die UFOs der Dritten Macht sind dazu sehr wohl in der Lage, wie die im Zusammenhang mit UFO-Sichtungen häufig berichteten Sekundäreffekte dieser Art beweisen. (95)

Mit diesem das von mir entwickelte Szenario des 11. September zusätzlich stützenden Indiz möchte ich meinen Rückblick anlässlich des 10-jährigen Jubiläums dieser denkwürdigen Ereignisse abschließen und meine Version gerade auch für die Leser, die meine ersten beiden Bücher bisher noch nicht erwerben konnten, kurz zusammenfassen:

- Den Berichten der Opfer von UFO-Entführungen (Abductions) vom Ende der 90er Jahre des letzten Jahrhunderts konnte entnommen werden, dass die Vorbereitungen für die Übernahme der Welt durch die »Invasoren« kurz vor ihrem Abschluss standen (1).
- Basierend auf dem Wissen über einen sich historisch in Zyklen wiederholenden Zusammenbruch des Geldsystems wertete die Dritte Macht die starken Verwerfungen an den internationalen Börsen zu Beginn unseres Jahrtausends als Beginn eines ihre Absichten unterstützenden Crash-Szenarios der Weltwirtschaft (1,2, siehe auch das 2. Kapitel in diesem Buch).
- Um diese Entwicklung zu beschleunigen, wurden die Ereignisse des 11. September initiiert.
- Die in einflussreichen Stellungen sitzenden Gewährsmänner der Dritten Macht, die Angehörigen der von mir so bezeichnete Gegenloge, beschafften die Informationen zu den an diesem Tag über dem Luftraum der USA stattfindenden groß

angelegten Militärübungen, zum Beispiel »Vigilant Guardian«, die das Verwirrspiel mit den entführten Maschinen überhaupt erst ermöglichten, platzierten die nichts ahnenden »Märtyrer« in den Flugzeugen und deponierten auch jene zweifelhaften »Beweise«, die von Beginn an die Ermittlungen in eine bestimmte Richtung lenkten – wohl wissend, dass sie durch diese im Interesse der Bush-Regierung vorgenommene »Beweisführung« jeden Widerstand aus deren Reihen von Beginn an eliminieren würden (1,2,94).

- Durch im Unsichtbarkeitsmodus operierende Flugobjekte – siehe hierzu die an mehreren Stellen in diesem Buch erfolgten Anmerkungen – wurden drei der vier entführten Maschinen der Kontrolle durch die US-Behörden entzogen (Verbleib unbekannt). Die über Pennsylvania abgestürzte Maschine entging diesem Schicksal, weil sich kurz vor ihrer »Vereinnahmung« durch das schon in ihrer Nähe befindliche Flugobjekt an Bord ein Kampf abspielte, der letztendlich zum Absturz führte. Aus der Unsichtbarkeit entlassen wurden dafür zwei als Sprengkörper umfunktionierte Flugzeuge und im Falle des Einschlages im Pentagon ein bisher nicht näher zu beschreibender anderer Flugkörper. (Spuren eines dort havarierten Flugzeuges wurden nicht gefunden, möglicherweise Aufschluss gebende Videoaufzeichnungen wurden bisher aus fadenscheinigen Gründen nicht freigegeben. Siehe hierzu auch das Buch von Bröckers und Walther).
- Das Wissen um die geplanten Anschläge wurde von der Dritten Macht genutzt, um durch Insidergeschäfte ihre Kriegskasse mit den daraus gewonnenen Milliarden aufzufüllen.
- Da durch sofortige Aktionen der amerikanischen Notenbank und in der Folge auch der anderen großen Notenbanken den Finanzmärkten gigantische Geldmittel zur Verfügung gestellt wurden, kam es nicht zum von der Dritten Macht erwarteten Zusammenbruch der Weltwirtschaft.
- Dieses Aufblähen des Geldsystems legte jedoch die Ursache für den nächsten großen Zusammenbruch der Finanzmärkte im Jahr 2008, der durch die Dritte Macht mittels der 2001 erzielten Börsengewinne durch die Transaktionen vom 17. September in einen finalen Crash übergeleitet werden sollte, was zumindest kurzfristig abermals misslang.

– Im August des Jahres 2011, kurz vor Redaktionsschluss dieses Buches, kann festgestellt werden, dass die zur Abwehr dieses zweiten großen Terroranschlages auf die Finanzwelt eingeleiteten konzertierten Abwehrmaßnahmen zu einer bisher nicht für möglich gehaltenen, irreparablen weltweiten Staatsverschuldung geführt haben, in deren Konsequenz die dramatische Verschärfung der Euro-Krise, das Abflauen des mit Krediten künstlich angeschobenen Wirtschaftswachstums, die zunehmende Inflation in den Schwellenländern sowie zu guter Letzt die Herabstufung der Bonität der USA durch eine große Ratingagentur die unzweideutigen Anzeichen dafür sind – dass es zu Ende geht. Die Anschläge vom 11. September haben ihr Ziel, wenn auch verspätet, doch noch erreicht. Der sich vollziehende Übergang der Macht von den alten Finanzeliten zu den Hintermännern dieses Großereignisses scheint nur mehr eine Frage der Zeit zu sein.

9.
LITERATURVERZEICHNIS

01. Sternhoff, Gilbert und Kappel, Mathias: Götterwagen und Flugscheiben, Salenstein 2010
02. Sternhoff, Gilbert: Die Zukunft hat längst begonnen, Rottenburg 2008
03. Hastings, Robert L.: UFOs and Nukes: Extraordinary Encounters at Nuclear Weapon Sites, Author House 2008
04. Hannich, Günter: Börsenkrach und Weltwirtschaftskrise, Rottenburg 2005
05. Welt Online: »Der Wirtschaft stehen heftige Turbulenzen bevor«, 12.01.2010
06. Welt Online: »Der Euro-Raum kann zerbrechen«, 22.01.2010
07. www.wirtschaft.com, »Die Finanzkrise ist noch nicht ausgestanden«, 21.07.2010
08. Mehner, Thomas und Mayer, Edgar: Die Lügen der Alliierten und die deutschen Wunderwaffen, Rottenburg 2010
09. www.abovetopsecret.com/forum/thread510992/pg1
10. Sitchin, Zecharia: Am Anfang war der Fortschritt, Droemer Knaur 1999
11. www.techbriefs.com/content/view/1771/32/
12. Hopkins, Budd und Rainey, Carol: Sight Unseen, 2003
13. Ludwiger, Illobrand von: UFOs die unerwünschte Wahrheit, Rottenburg 2009
14. Wikipedia: Schwarzer Körper
15. Spiegel Online: »Tarnkappe funktioniert in der dritten Dimension«, 19.03.2010
16. Georg, Friedrich: Unternehmen Patentraub 1945, Tübingen 2010
17. www.via-regia.org/bibliothek/pdf/.../meding_refugium.pdf, Meding, Holger M.: »Nationalsozialistisches Refugium am Rio de la Plata? – Zur deutschen Einwanderung in Argentinien 1945-1955«
18. Georg, Friedrich: Mit dem Balkenkreuz zum Mond, Rottenburg 2008
19. Witkowski, Igor: Truth about the Wunderwaffe, Farnborough 2003
20. Reinöhl, Dr. Friedrich: Die Vererbung der geistigen Begabung, München 1943

21. Cook, Nick: Die Jagd nach Zero Point, Mosquito Verlag 2006
22. Aussagen Quelle »X«
23. www.projectavalon.net, Interview mit Igor Witkowski
24. Manning, Paul: Martin Bormann: Nazi in Exil, 1981
25. Hathaway, George D.: »Gravitational Experiments with Superconductors: History and Lessons, in: Frontiers of Propulsion Science, Reston 2009
26. Kean, Leslie: UFOs – Generals, Pilots, And Government Officials Go On The Record, New York 2010
27. Alexander, John B.: UFOs - myths, conspiracies, and realities, New York 2011
28. Hynek, Allen J.: UFO-Begegnungen der ersten, zweiten und dritten Art, Goldmann TBV 1986
29. www.ufoevidence.org, Hall, Richard: »Father Gill Sighting«
30. www.magonia.haaan.com, Kottmeyer, Martin: »Gill again: The Father Gill case reconsidered«
31. Crutwell, Norman E.G.: »Flying Saucers over Papua«, in: Flying Saucer Review, Special issue Nr. 4/08/1971
32. Wikipedia Einträge zu Neuguinea bzw. Papua-Neuguinea
33. Wikipedia: Deutsch-Neuguinea
34. www.deutsche-schutzgebiete.de/neuguinea.htm
35. Wikipedia: Kaiserin-Augusta-Fluss-Expedition
36. Payne, Debbie: »Disclosure Australia, the journey so far«, in: Nexus Magazine, Ausgabe Dezember/Januar 2005
37. Vallee, Jacques: Konfrontationen, Frankfurt/Main 1994
38. www.mufon.com, Pratt files
39. Hopkins, Budd: Entführt ins All, Ullstein TBV 1997
40. Feindt, Carl W.: UFOs and Water, 2010
41. www.waterufo.net
42. Wilson, Katharina: Tagebuch einer Entführten, Rottenburg 1996
43. Georg, Friedrich: Hitlers letzter Trumpf, Bd. I, Grabert 2008
44. Wikipedia: Fliegendes U-Boot
45. Basti, Abel: Hitler en Argentina, Argentinien 2006
46. www.patagonia-argentina.com, »Nazi Submarines in Caleta do los Loros?«

47. www.ufocasebook.conforums.com/index.cgi?action=display&board, »The US-Navy on the greatest USO hunt in history«
48. TIME, 22.02.1960
49. Wikipedia: Südliche Shetlandinseln
50. Wikipedia: Südliche Orkneyinseln
51. Wikipedia: Argentinisches Antarktisterritorium
52. Wikipedia: U-Boot-Bunker
53. Perisse', Daniel A.: »Deception Island UFO Sightings«, in: MUFON Symposium Proceedings 1987
54. www.openminds.tv/argentina-x-files-pt-2/, Huneeus, Antonio: »Argentina's X-Files-Pt 2«
55. Brill, J.M.: »Are UFOs operating from underwater bases off the coast of Argentina?«, in: MUFON UFO Journal, No. 130, September 1978
56. Boirayon, Marius: Solomon Islands Mysteries, Kempton 2009
57. www.thewatcherfiles.com/giants/solomon-giants.htm, Boirayon, Marius: »Known UFO Bases of the Solomon Islands«
58. www.pnginusa.org/forums/index.php?showtopic=905
59. Unzicker, Alexander: Vom Urknall zum Durchknall, Springer 2010
60. Chown, Marcus: Das Universum und das ewige Leben, München 2007
61. Haisch, Bernhard/Rueda, Alfonso/Puthoff, H.E.: »Beyond E=mc«, in: The Sciences, Ausgabe November/Dezember 1994
62. Davis, Eric W. und Puthoff, H.E.: «On Extracting Energy from the Quantum Vakuum«, in: Frontiers of Propulsion Science, Reston 2009
63. Ludwiger, Illobrand von: Burkhard Heim - Das Leben eines vergessenen Genies, München 2010
64. Dröscher, Walter und Häuser, Jochem: »Guidelines for a Space Propulsion Device based on Heims's Quantum Theory«, 40th AIAA/ASME/SAE/ASEE Joint Propulsion Conference & Exhibit, Fort Lauderdale, Florida, 11-14 July, 2004
65. Spiegel-Online: »Rätsel um Mars-Sandstürme gelöst«, 29.04.2008

66. Welt Online: »Der Mensch ist zu schwach für die Reise zum Mars«, 05.09.2010
67. BBC News: »Mars methane ›not from meteors‹«, 09.12.2009
68. www.weiss.de/krankheiten/blaehungen/grundlagen/
69. Jacobs, David M.: Bedrohung, Rottenburg 1998
70. Marrs, Jim: Der Aufstieg des Vierten Reiches, Rottenburg 2009
71. Basti, Abel und van Helsing, Jan: Hitler überlebte in Argentinien, Fichtenau 2011
72. von Lang, Jochen: Der Sekretär, Stuttgart 1977
73. Turner, Henry A.: Die Großunternehmer und der Aufstieg Hitlers, Berlin 1985
74. www.h-ref.de/literatur/w/warburg-bericht/
75. Turner, Henry A.: General Motors und die Nazis, Berlin 2006
76. Farrell, Joseph P.: Das Reich der schwarzen Sonne, Immenstadt 2010, die englischsprachige Erstausgabe erschien im Jahr 2004
77. Farrell, Joseph P.: ROSWELL AND THE REICH, Kempton 210
78. Pflock, Karl T.: ROSWELL – Inconvenient Facts and the Will to Believe, New York 2001
79. www.debunker.com/Kecksburg.html, »The Kecksburg, Pennsylvania ›UFO Crash‹ – actually the Great Lakes Fireball of December 9, 1965«
80. Walters, Ed und Frances: UFOs – Es gibt sie, München 1990
81. Walters, Ed und Frances: UFO Aductions In Gulf Breeze, New York 1994
82. www.ufoevidence.org/documents/doc370.htm, »Ed Walters, the model, and Tommy Smith«
83. Walters, Edward und Maccabee, Bruce: UFOs Are Real – Here's The Proof, New York 1997
84. Nehberg, Rüdiger: Der selbstgemachte Häuptling, Hamburg 1991
85. Siebenhaar, Wolfgang: Die Wahrheit über die Chronik von Akakor, Rottenburg 2006
86. Nehberg, Rüdiger: Abenteuer Urwald, München 2005
87. www.sind-geoblog.blogspot.com/2010/03/uma-fraude-chamada-tatunca-nara.html

88. Schnabel, Jim: Geheimwaffe Gehirn – Die PSI-Agenten des CIA, München 1998
89. Smith, Paul H.: Reading The Enemy's Mind, New York 2005
90. 9McMoneagle, Joseph: Mind Trek, Düsseldorf 1998
91. McMoneagle, Joseph: Remote Viewing Secrets – A Handbook, Charlottesville 2000
92. Wikipedia: Holografie
93. Talbot, Michael: Das Holographische Universum, München 1992
94. Bröckers, Mathias und Walther, Christian C.: 11.9. – Zehn Jahre danach, Frankfurt am Main 2011
95. von Ludwiger, Illobrand von: Der Stand der UFO-Forschung, Frankfurt am Main 1992

Bildquellenverzeichnis

Alle abgedruckten Bilder stammen aus dem Privatarchiv von Gilbert Sternhoff.